DAS CHRISTLICHE PERSÖNLICHKEITS-PROFIL

Mit dem Original DISG®-Test zur Selbstauswertung

Name: ______________________________

Datum: ______________________________

Bereich: ______________________________

Bitte tragen Sie hier Ihren Beruf ein, wenn Sie dieses Profil für den Arbeitsbereich ausfüllen, oder tragen Sie die Familie bzw. den Verein ein, wenn Sie es für den privaten Bereich nutzen wollen.

DAS CHRISTLICHE PERSÖNLICHKEITS-PROFIL

Mit dem Original **DISG**®-Test zur Selbstauswertung

- ***Verstehen Sie sich selbst besser***
- ***Schöpfen Sie Ihre Möglichkeiten aus***
- ***Entdecken Sie Ihre Stärken und Schwächen***

3. Auflage 1993
Printed in Germany
Gestaltung: Büro für Kommunikationsdesign,
Heidenreich, 45721 Haltern am See
Zeichnungen: Tiki Küstenmacher
Druckerei: Schauenburg Grafische Betriebe,
77963 Schwanau

Published by:
R. Brockhaus Verlag Wuppertal und Zürich
ISBN 3-417-24131-6
Best.-Nr. 224 131

Inhaltsverzeichnis

Geleitwort

Sie haben sich entschlossen, das Christliche Persönlichkeits-Profil durchzuarbeiten. „Hierzu gratulieren wir Ihnen."

Lernen Sie sich selbst besser kennen und verstehen, und Sie werden merken, daß Sie plötzlich auch andere Menschen besser verstehen. Diese Erfahrung haben bisher schon mehr als 8.000 Anwender in Deutschland gemacht. Sich selbst mit dem Christlichen Persönlichkeits-Profil kennenzulernen, hat viele Vorteile. Manchmal werden wir gefragt, was an diesem Buch so typisch christlich ist. Für Christen hat es viele Vorteile, zu wissen wie man ist und zu verstehen warum man glaubt oder wie man glaubt. Lebensbilder der biblischen Personen nachzulesen, denen man am meisten entspricht, ist dann nicht nur interessant, sondern auch aufschlußreich. Aus Rückmeldungen von Anwendern der bisherigen Auflagen wissen wir, daß sie überrascht waren, welche biblischen Gestalten ihrer Persönlichkeitsstruktur entsprechen.

In den christlichen Gemeinden ist der Umgang miteinander oftmals nicht besser als sonst irgendwo. Dabei erreichen uns immer wieder Briefe, in denen Leser berichten, wie sich Konflikte mit Gemeindegliedern, Leitungsgremien, Kollegen und nicht zuletzt auch innerhalb der Familie verringert haben. Firmen und Berater aus aller Welt haben sich aus diesen Gründen für dieses System entschieden.

Das Christliche Persönlichkeits-Profil wurde bisher in zwei Auflagen verlegt. Nunmehr erscheint eine völlig neu überarbeitete und auf 160 Seiten erweiterte Auflage bei DISG-Training und im Brockhaus-Verlag.

Grundlage des Christlichen Persönlichkeits-Profils ist das Persönlichkeits-Profil, das durch den amerikanischen Pastor Ken Voges und den Theologen und Psychologen Dr. Ron L. Braund erweitert wurde. Das Christliche Persönlich-

keits-Profil ist in vielen Gemeinden zu einem Werkzeug geworden, Menschen zu helfen, den richtigen Platz zu finden, an dem sie sich einsetzen lassen. Es ist ein Persönlichkeitsmodell, das weltweit anerkannt und psychologisch fundiert ist. Seit 1990 hat DISG-Training in Giengen die Alleinvertriebsrechte für den deutschsprachigen Raum. Unser Ziel ist es, mit diesem Buch vielen Menschen ihre Fähigkeiten und Begabungen aufzuzeigen.
Im deutschsprachigen Raum gibt es inzwischen sowohl in Deutschland als auch in Österreich und der Schweiz Trainer, die für den Einsatz mit dem Christlichen Persönlichkeits-Profil in Seminaren ausgebildet wurden. In diesen Seminaren können weiter- und tiefergehende Erkenntnisse vermittelt werden, die über den Buchinhalt weit hinaus gehen.
Besonderen Nutzen bietet das Christliche Persönlichkeits-Profil im privaten, kommerziellen oder, wie schon angesprochen, im kirchlichen Bereich. Für viele stellt unser elektronisches Persönlichkeits-Profil mittels EDV-Auswertung eine zusätzliche Informationsquelle dar, die spezielle Hinweise und Daten, sowie zusätzliche Arbeitsbögen bietet. Verwandte Systeme, wie das Partner- und das Team-Profil, sowie das Stellenanforderungs-Profil runden unsere Produktpalette ab.
Beim Durcharbeiten des Buches wünschen wir Ihnen die Aha-Effekte, die uns selbst dazu bewogen haben, dieses System in deutscher Sprache herauszubringen.
Wer viel mit Menschen zu tun hat, sollte seine eigenen Stärken aber auch seine Begrenzungen kennen. Lesen und bearbeiten Sie dieses Buch. Streichen Sie wichtige Aussagen mit einem Marker an, wenden Sie Ihre neuen Erfahrungen an und versuchen Sie, die bisher oft „unverständlichen“ Verhaltensweisen Ihres Umfeldes zu verstehen.

DISG-Training Brockhaus Verlag

Geschichte des Persönlichkeits-Profils „DISG“

Durch die Arbeit des Psychologen William Marston wurde 1930 das Performax System entwickelt. Es ging davon aus, menschliches Verhalten könnte entsprechend der Reaktion einer Person auf eine günstige oder feindliche Umgebung eingeordnet werden. Marston gebrauchte ein zweiachsiges, vierquadranten Modell, um vier verschiedene Verhaltensstile zu kennzeichnen:

Dominant - Initiativ - Stetig - Gewissenhaft

Um die Theorie mit der praktischen Anwendung zu verbinden, entwickelte Marston Wortgruppen, die die vier Verhaltensweisen beschreiben.

Dennoch gab es einige Unzulänglichkeiten bei diesem Prozeß. Die Ergebnisse lieferten weder eine sofortige Interpretation, noch waren sie individuell. Zusätzlich schränkte der Kostenfaktor den Gebrauch ein.

Ende 1950 und zu Beginn der 60er Jahre entwickelte John Geier PhD, Professor für Verhaltenspsychologie und Kommunikation der Universität in Minnesota, eine Methode, um individuelle Unterschiede von Verhaltensweisen innerhalb kleiner Gruppen zu analysieren. Auf Marstons Arbeit aufbauend, entwickelte Geier eine Methode, die eine sofortige individuelle Anwendung ermöglicht. Diese Methode liegt dem DISG-Persönlichkeits-Profil zugrunde.

Durch die Betrachtung konkreter Situationen, **vermittelt das Persönlichkeits-Profil dem einzelnen eine auf ihn zugeschnittene Beschreibung seiner Stärken, Schwächen und möglichen Ideal-Situationen.** Zusätzlich zu den individuellen Charakter-Beschreibungen der Typen gibt das Persönlichkeits-Profil auch einen tieferen Einblick in die vier Verhaltensstile, die von Marston angewandt wurden.

Warum ein Persönlichkeits-Profil?

Persönlichkeit und Aufgabe sollten zusammenpassen

Niemand würde sich mit einem Geländewagen auf den Nürburgring begeben oder mit einem Sportwagen über Stock und Stein rasen. Inwieweit jedoch eine bestimmte Persönlichkeitsstruktur zum jeweilig ausgeübten Beruf oder zu einer Aufgabe in der Öffentlichkeit paßt, ist für viele Menschen eine unbeantwortete Frage.

Die „Erfolgspersönlichkeit" gibt es nicht

Die genau beschreibbare „Erfolgspersönlichkeit" gibt es nicht. So gibt es auch nicht den „richtigen" Führungsstil oder die „optimale" Methode.

Erfolgreiche Menschen haben ihren ganz persönlichen Stil. Sie wenden Mittel und Methoden an und suchen Situationen, die genau zu ihnen passen.

„Ganz man selbst sein bringt Erfolg"

Diese Menschen versuchen nicht, Rollen zu spielen, in die sie nicht hineinpassen.

Was sind natürliche Fähigkeiten, Stärken und Schwächen?

Stärken und Schwächen gehören zusammen

Sie kennen Aussprüche wie „er ist ein Musik-Genie" oder „sie ist stark in Mathematik" oder „die geborene Sportlerin". Hier handelt es sich um „natürliche" oder „angeborene" Fähigkeiten. Der eine will menschliche Nähe, der andere braucht Distanz. Der eine ist impulsiv und entscheidungsfreudig, der andere ist zögernd und sucht nach weiteren Alternativen, um die Entscheidungen abzusichern. Diese Eigenschaften werden uns teilweise ungefragt in die Wiege gelegt. Aus der Aufzählung wird schon deutlich, daß es sich dabei nicht nur um Stärken handelt. Stärken werden bei Übertreibung zu Schwächen. Paracelsus sagte vor 400 Jahren: „Nichts ist Gift, und es gibt nichts, das nicht Gift ist. Nur die Dosis macht es zum Gift." Das heißt, wenn man eine Stärke bis ins Extrem ausnutzt, wird sie zur Schwäche.

Wer ein „Gespür“ für Menschen hat, wer schnell Kontakt findet und beliebt ist, kann sich über diese Stärken freuen. Die möglichen Schwächen hängen jedoch damit zusammen: Wenn der Kontakt zu eng wird, ist man oft im Netz persönlicher Beziehungen gefangen und damit menschlich erpreßbar. Ziele werden oft harmonischen Beziehungen geopfert.

Beispiel 1

Die Stärke der Entschlußfreudigkeit ist nahe an der Schwäche der Voreiligkeit. Die Stärke einer natürlichen Autorität kann schnell in autoritäres Verhalten abgleiten. Die Stärke, perfekte Entscheidungen zu treffen, ist nahe an der Schwäche der Entscheidungsunfähigkeit, weil man sich für keine von zwei Möglichkeiten entscheiden kann.

Beispiel 2

Persönlichkeits-Profil und Gaben

Wer seine Begabungen herausfinden will, muß sich folgende Fragen stellen:

Begabungen herausfinden

- Was tue ich gerne?
- Was tue ich gut?
- Was schätzen andere an mir?

Wer die Antworten auf diese Fragen aufschreibt und immer wieder ergänzt, kennt schon eine ganze Menge Stärken. Sie haben viel mit der Kindheit zu tun. Ältere Kinder, die für jüngere sorgen mußten, neigen z. B. dazu, Führungsqualitäten zu entwickeln.

Wenn Sie versuchen, sich selbst zu erkennen, werden Sie vielfach belohnt.

- Sie bekommen Einblick in Ihre Möglichkeiten sowie Grenzen und lernen dadurch, Ihre Erfolge zu steigern und Mißerfolge zu vermeiden. Stärken können ausgebaut werden.

Selbsterkenntnis lohnt

- Durch das Kennenlernen Ihrer Stärken werden Sie selbstsicher. Wer sich kennt, kennt auch andere und wird damit sensibler für das Verhalten der anderen.
- Ein Kennzeichen erfolgreicher Menschen ist es, daß sie ihre Stärken kennen und ganz sie selbst sind. Sie ahmen keine fremden Vorbilder nach, deren Stärken vielleicht ganz woanders liegen, sondern ihr Verhalten entspricht den Grundzügen ihrer Persönlichkeit.

Gezielt Stärken einsetzen

Dort, wo Ihre Stärken sind, sollten Sie sich engagieren und Herausforderungen annehmen. Warum sich an dieser Stelle nicht auch herausfordern lassen? Schließlich geschieht die Herausforderung dort, wo Ihre Stärke liegt. Wenn Sie so gezielt Ihre Stärken einsetzen, entwickeln Sie sich in die Tiefe und nicht in die Breite. Dadurch werden Sie selbstsicher und für Ihre Mitmenschen berechenbarer im Umgang.

Die ideale Aufgabe - Stärke und Situationen stimmen überein

Es gibt keine schlechten Mitarbeiter

Den schlechten Mitarbeiter, von dem wir so oft reden, gibt es nicht. Es gibt allerdings den Mitarbeiter, der mit der falschen Aufgabe betraut wurde und deswegen keine zufriedenstellenden Ergebnisse liefern kann.

Machen Sie sich mit Ihren Stärken vertraut

Wenn Sie sich Ihre Stärken und die Situation in Ihrer Firma, in Ihrer Ehe, in der Gemeinde und in anderen Lebensbereichen bewußt gemacht haben, dann wissen Sie plötzlich, wieviel Anerkennung Sie brauchen, um motiviert zu sein, und Sie wissen, wieviel Anerkennung der andere braucht. Vielleicht braucht der andere aber auch gar keine Anerkennung, sondern nur eine große Herausforderung durch Sie oder möchte einfach, daß Sie Zeit für ihn haben. Wenn Sie Druck ausüben, weil das Ihre Art ist, wird der eine Mitarbeiter nachgeben und ausweichen, ein anderer wird beherrschend und widerborstig werden, und ein dritter ist vielleicht persönlich beleidigt.

Je besser Sie also sich und andere mit ihren Stärken und Schwächen kennen, desto besser können Sie entscheiden, wie Sie sich selbst und andere zur optimalen Entfaltung bringen.

Stärke und Situation zur Deckung bringen

Vielleicht ist Ihnen klargeworden, daß Sie derzeit Aufgaben betreuen, für die Sie weniger geeignet sind. Dann sollten Sie einen Wechsel der Arbeitsstelle durchaus in Betracht ziehen. Wenn Sie nicht geeignet sind, Oberstufenschüler zu unterrichten, dann versuchen Sie es doch einmal mit einer anderen Altersgruppe oder mit einem ganz anderen Aufgabenbereich. Wenn Sie schlecht mit Menschen umgehen können, aber in Ihrer Arbeitsstelle eine Tätigkeit übernommen haben, bei der genau diese Eigenschaft gefragt ist, dann suchen Sie sich eine Aufgabe, in der Sie sich als hochkarätiger Einzelkämpfer entfalten können.

Persönlichkeits-Profil und geistliche Gaben

Natürliche/ geistliche Gaben

Im Neuen Testament wird gelehrt, daß Gott jedem Christen eine oder mehrere „Charismen" (geistliche Gaben) gegeben hat (siehe Röm. 12; 1. Kor. 12; Eph. 4).
Bisweilen stehen diese Charismen in einer auffälligen Spannung zum natürlichen Persönlichkeits-Profil des Christen; die Regel ist dies allerdings nicht.
Untersuchungen deuten darauf hin, daß bestimmte Charismen bei bestimmten Persönlichkeitsstrukturen gehäuft auftreten. Gott fängt ja nicht erst an, in einem Menschen zu wirken, wenn dieser Christ wird und geistliche Gaben empfängt. In der Regel knüpfen die Charismen am natürlichen Persönlichkeits-Profil an.

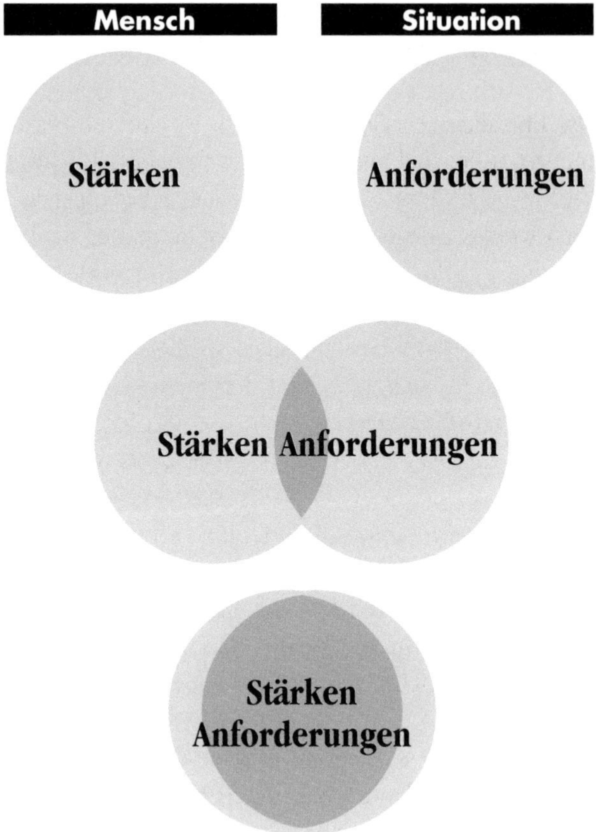
Mensch
Situation
Stärken
Anforderungen
Stärken
Anforderungen
Stärken
Anforderungen

Das Christliche Persönlichkeits-Profil als Instrument und Hilfsmittel

Das Christliche Persönlichkeits-Profil ist ein Instrument, um sich selbst und andere besser zu verstehen. Mit mehr Verständnis für Ihren eigenen Stil erkennen Sie, unter welchen Voraussetzungen und in welcher Umgebung Sie beruflich, in der Gemeinde und auch privat das Beste erreichen.

Gleichzeitig lernen Sie die unterschiedlichen Verhaltensweisen anderer kennen, können besser auf sie eingehen und ihnen optimale Bedingungen für die Entwicklung ihrer Persönlichkeit und Leistungsfähigkeit schaffen.

Das Christliche Persönlichkeits-Profil ist keine „Prüfung“. Sie können nicht bestehen oder durchfallen. Viele Untersuchungen zeigen jedoch: Wer sich selbst kennt und seine Verhaltensweisen einzuschätzen vermag, lernt mit verschiedenen Situationen besser umzugehen.

Das Christliche Persönlichkeits-Profil ermöglicht Ihnen,

- persönliche Tendenzen und Stärken zu erkennen,
- Ihren Arbeitsstil zu analysieren,
- diejenige Umgebung zu schaffen, die den Erfolg am meisten fördert,
- Ihr Verständnis für unterschiedliche Arbeitsstile zu verbessern,
- potentielle Konfliktbereiche mit anderen Menschen zu erkennen und auf ein Mindestmaß zu reduzieren,
- herauszufinden, wie Sie sind, welche Aufgaben Sie in der Gemeinde übernehmen können und wozu Gott Sie berufen hat.

Wir wünschen Ihnen viel Spaß beim Durcharbeiten!

Anleitung zur Durchführung des Tests

Der Auswertungsbogen (Seite 17 – 39) besteht aus 24 Wortgruppen und ist auf sechs Doppel-Seiten verteilt. In jeder dieser Wortgruppen finden Sie vier Begriffe. Entscheiden Sie sich pro Wortgruppe in der Spalte „Am Ehesten" und in der Spalte „Am Wenigsten" für einen Begriff. Gehen Sie folgendermaßen vor:

1. Versetzen Sie sich beim Ausfüllen des Auswertungsbogens in die Situation, für die Sie diesen Test durchführen: an den Arbeitsplatz, in Ihr Privatleben, in Ihr Aufgabengebiet in der Gemeinde oder in eine andere ehrenamtliche Funktion.

2. Spalte: „Am Ehesten". Kreuzen Sie in jeder der 24 Wortgruppen den Begriff an, von dem Sie meinen, daß er am ehesten auf Sie zutrifft.

3. Spalte: „Am Wenigsten". Kreuzen Sie in jeder der 24 Wortgruppen den Begriff an, von dem Sie meinen, daß er am wenigsten auf Sie zutrifft.

4. Füllen Sie den Auswertungsbogen in etwa 7-10 Minuten aus. Gehen Sie wortgruppenweise vor und halten Sie sich bitte an die Reihenfolge Gruppe 1 bis Gruppe 24.

5. Nach dem Ausfüllen haben Sie in jeder Wortgruppe jeweils ein Kreuz in der Spalte „Am Ehesten" und ein Kreuz in der Spalte „Am Wenigsten", insgesamt 2 x 24 = 48 Kreuze.

Auswertungsbogen

Gruppe 1
freundlich, verbindlich
überzeugend
bescheiden
originell, innovativ
Gruppe 2
attraktiv
selbstbeobachtend
stur
freundschaftlich
Gruppe 3
leicht zu führen
keck, kühn
treu, loyal
charmant
Gruppe 4
offen
zuvorkommend
willensstark
fröhlich

Auswertung

Bitte erst lesen, wenn Sie Seite 40, Ziffer 1 und 2 gelesen haben.

- Sie sehen auf Seite 19 neben den beiden von Ihnen ausgefü ten Spalten links daneben 2 weitere mit Symbolen belegte Sp ten „Am Ehesten“ und „Am Wenigsten“. Übertragen zunächst die Ergebnisse der von Ihnen ausgefüllten Spalt auf die Symbol-Spalten, indem Sie das ausgewählte Symbol v im Beispiel gezeigt einkreisen.
- Nach dem Übertragen haben Sie in den Spalten „Am Eheste und „Am Wenigsten“ je ein eingekreistes Symbol. Zählen nun pro Seite spaltenweise die eingekreisten Symbole zusa men und tragen Sie das Ergebnis in die Auswertungsboxen Anlage C und D (S. 154) ein. Beachten Sie bitte den Pfeil.

1. Spalte „Am Ehesten“: Zählen Sie zusammen, wie vi **N**-Symbole Sie auf Seite 19 in der Spalte „Am Ehesten“ kennzeichnet haben, und tragen Sie die Zahl in die Ausw tungsbox der Anlage C (S. 155) ein.
   Verfahren Sie genauso bei den Symbolen **Z** ■ ▲ ★. Mach Sie die Probe, indem Sie die Zahlen addieren (Quersumme 4
2. Spalte „Am Wenigsten“: Bitte verfahren Sie in dieser Spalte unter 1. und tragen Sie das Ergebnis in die Auswertungsbox Anlage D (S. 157) ein.
3. Machen Sie dies bitte für den ganzen Auswertungsbo (Seite 19 / 23 / 27 / 31 / 35 / 39).

Beispiel:

Auswertungsbo

Auswertungsbogen	Am Ehesten	Am Wenigsten	Am Ehesten	Am Wenigsten
Gruppe 1				
	▲	▲		
	■	N		
	★	★		
	N	Z		
Gruppe 2				
	■	■		
	★	★		
	Z	Z		
	N	▲		
Gruppe 3				
	N	★		
	Z	Z		
	▲	N		
	■	■		
Gruppe 4				
	■	N		
	★	★		
	N	Z		
	▲	▲		

Auswertungsbogen
Gruppe 5
lustig
genau
unverschämt
ausgeglichen
Gruppe 6
wetteifernd
rücksichtsvoll
freudig
harmonisch
Gruppe 7
kleinlich
gehorsam
unbesiegbar
verspielt
Gruppe 8
mutig
mitreißend
unterwürfig
schüchtern

Auswertungsbogen	Am Ehesten	Am Wenigsten	Am Ehesten	Am Wenigsten
Gruppe 5				
	N	■		
	★	★		
	N	Z		
	▲	▲		
Gruppe 6				
	Z	Z		
	▲	▲		
	N	■		
	N	★		
Gruppe 7				
	N	★		
	▲	N		
	Z	Z		
	■	■		
Gruppe 8				
	Z	N		
	■	N		
	N	▲		
	N	★		

Auswertungsbogen

Gruppe 9
gesellig
geduldig
selbstsicher
zurückhaltend
Gruppe 10
unternehmungslustig
aufnahmefähig
herzlich
bescheiden
Gruppe 11
gesprächig
beherrscht
konservativ
entschlußkräftig
Gruppe 12
gesellschaftsfähig
wagemutig
diplomatisch
zufrieden

Auswertungsbogen	Am Ehesten	Am Wenigsten	Am Ehesten	Am Wenigsten
Gruppe 9				
	■	■		
	▲	▲		
	Z	Z		
	★	N		
Gruppe 10				
	Z	Z		
	★	N		
	N	■		
	▲	▲		
Gruppe 11				
	■	■		
	▲	▲		
	N	★		
	Z	Z		
Gruppe 12				
	N	■		
	Z	Z		
	★	N		
	▲	▲		

Auswertungsbogen

Gruppe 13
aggressiv
extrovertiert
beständig
ängstlich
Gruppe 14
vorsichtig
entschlossen
überzeugend
gutmütig
Gruppe 15
willig
eifrig
einsichtig
temperamentvoll
Gruppe 16
selbstbewußt
mitfühlend
tolerant
durchsetzungsfähig

Auswertungsbogen	Am Ehesten	Am Wenigsten	Am Ehesten	Am Wenigsten
Gruppe 13				
	Z	N		
	■	■		
	▲	▲		
	N	★		
Gruppe 14				
	★	★		
	Z	N		
	■	■		
	▲	N		
Gruppe 15				
	▲	N		
	Z	Z		
	★	★		
	N	■		
Gruppe 16				
	■	N		
	N	▲		
	N	★		
	Z	Z		

Auswertungsbogen

Gruppe 17
diszipliniert
großzügig
lebhaft
ausdauernd
Gruppe 18
bewundernswert
nett
resigniert
charakterstark
Gruppe 19
respektvoll
mit Pioniergeist
optimistisch
entgegenkommend
Gruppe 20
streitlustig
anpassungsfähig
lässig
unbeschwert

Auswertungsbogen	Am Ehesten	Am Wenigsten	Am Ehesten	Am Wenigsten
Gruppe 17				
	★	N		
	▲	▲		
	N	■		
	Z	Z		
Gruppe 18				
	■	N		
	▲	N		
	N	★		
	Z	Z		
Gruppe 19				
	★	N		
	Z	Z		
	■	■		
	▲	▲		
Gruppe 20				
	Z	Z		
	★	N		
	N	▲		
	■	■		

Auswertungsbogen

Gruppe 21
vertrauensvoll
zufrieden
positiv
friedlich
Gruppe 22
gesellig
kultiviert
kraftvoll
nachsichtig
Gruppe 23
umgänglich
sorgfältig
direkt, unverblümt
zurückhaltend
Gruppe 24
rastlos
gutnachbarlich
beliebt
fest entschlossen

Auswertungsbogen	Am Ehesten	Am Wenigsten	Am Ehesten	Am Wenigsten
Gruppe 21				
	■	■		
	N	▲		
	Z	Z		
	★	★		
Gruppe 22				
	■	■		
	N	★		
	Z	Z		
	▲	▲		
Gruppe 23				
	■	■		
	★	N		
	Z	Z		
	N	▲		
Gruppe 24				
	Z	Z		
	▲	▲		
	■	■		
	★	★		

So werten Sie aus:

1. Klappen Sie Anlage C und D (S. 154 - 157) wie auf Seite 41 dargestellt, nach außen. Sie sehen jetzt Diagramm I und Diagramm II mit Auswertungsbox.

2. Blättern Sie jetzt auf Seite 18 des Buches und gehen Sie nach der dortigen Beschreibung vor.

3. Nachdem Sie gemäß Seite 18 in die Auswertungsbox der Anlage C und D die Ergebnisse der Seiten 19 – 39 eingetragen haben, zählen Sie in der Auswertungsbox I und II jeweils zunächst die 5 Spalten zusammen und danach bilden Sie in der Zeile **Gesamt** die Summe. Dabei muß die Quersumme jeweils 24 ergeben.

4. Sollten Sie in der Zeile Gesamt ein anderes Ergebnis als 24 haben, liegt ein Additionsfehler vor.

5. Übertragen Sie das Gesamtergebnis der Auswertungsbox I von Anlage C in das Diagramm I und das Gesamtergebnis der Auswertungsbox II von Anlage D in das Diagramm II.

   Dabei gilt:
   Z = **D**
   ■ = **I**
   ▲ = **S**
   ★ = **G**

Beispiel:

N	Z	■	▲	★	
1	-	2	1	-	Seite 19
-	-	-	3	1	Seite 23
-	1	1	2	-	Seite 27
1	-	1	1	1	Seite 31
-	-	-	3	1	Seite 35
1	-	1	2	-	Seite 39
3	1	5	12	3	Gesamt

Quersumme, muß 24 ergeben. 24

Diagramm 1

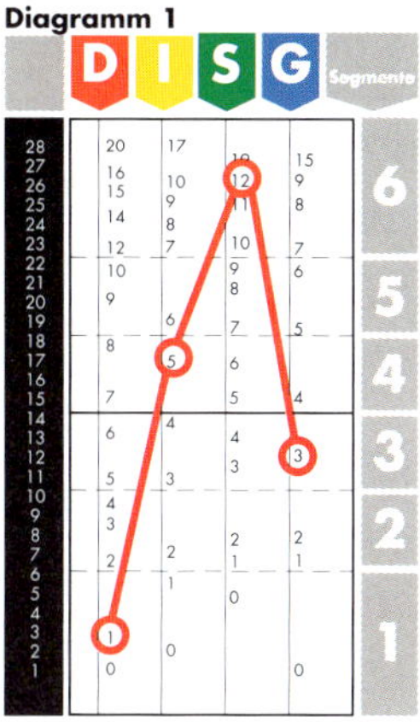

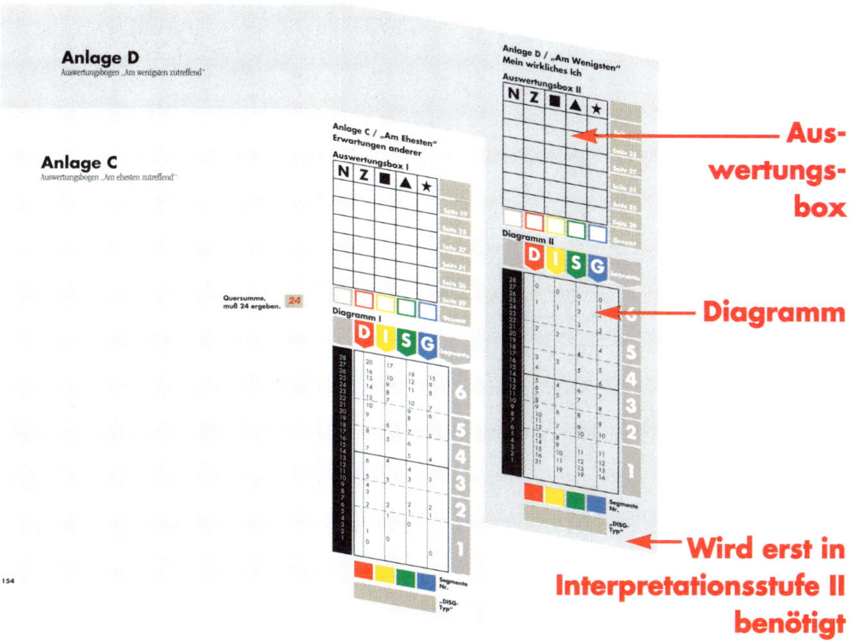

Interpretationsstufe I

Mit Fertigstellung der beiden Diagramme haben Sie die Grundlage zur Interpretation erstellt.

Vier Verhaltensstile sind in jeder Persönlichkeit vorhanden. Diesen Verhaltensstilen entsprechen Eigenschaften, die eine tendenzielle Aussage über Ihr Verhalten zulassen.

D für Dominant
I für Initiativ
S für Stetig
G für Gewissenhaft.

In dieser Stufe geht es darum, Ihren persönlichen Schwerpunkt herauszufinden. Der höchste Punkt in den Diagrammen zeigt, durch welche Eigenschaften Ihre Persönlichkeit besonders gekennzeichnet ist. Beginnen Sie zunächst mit dem höchsten Punkt aus Anlage D, Diagramm II.

1. Lesen Sie die allgemeine Interpretation Ihres höchsten Punktes auf den Seiten 44, 46, 48 oder 50.

2. Streichen Sie möglichst mit einem „Marker" die Sätze an, die Sie treffend beschreiben.

3. Lernziel:
Diese erste Stufe der Interpretation liefert Ihnen
- die allgemeine Beschreibung Ihrer Person und Ihre typischen Verhaltensstile,
- eine Beschreibung des Umfeldes, in dem Sie sich am besten entfalten können,
- Hinweise auf andere Menschen, die für Sie eine optimale Ergänzung darstellen.

4. Lesen Sie zur Information auch die Aussagen über die 3 anderen „höchsten Punkte".

offensiv/extrovertiert
Dominant
D
I
Initiativ
aufgabenorientiert
menschenorientiert
Gewissenhaft
G
S
Stetig
defensiv/introvertiert

Der höchste Punkt: D – Dominant

Eine „Dominante" Person fühlt sich herausgefordert, wenn Opposition und Konkurrenz überwunden werden müssen.

Prototyp: Paulus
Fallstudie: Apg. 9,3-19

1. Tendenzen einer dominanten Person:

- zielt auf sofortige Ergebnisse
- veranlaßt Dinge, bringt Dinge ins Rollen
- nimmt Herausforderungen an
- trifft schnelle Entscheidungen
- stellt bestehende Zustände in Frage
- beansprucht Autorität, übernimmt das Kommando
- verursacht Schwierigkeiten in Team-Prozessen
- löst Probleme

2. Eine dominante Person braucht ein Umfeld, in dem folgendes möglich ist:

- eine starke und autoritäre Stellung
- Herausforderungen und Ansehen
- Gelegenheit zu persönlichen Leistungen und Erfolgen
- viel Bewegungsfreiheit bei der Arbeit
- direkte Antworten, wenig Diskussionen
- Gelegenheit zu Beförderung und Aufstieg
- wenig Kontrolle und Beaufsichtigung
- viele neue und abwechslungsreiche Aufgaben und Aktivitäten

3. Eine dominante Person braucht andere, die:

- das Für und Wider abwägen
- Risiken abschätzen und berechnen
- mit Vorsicht handeln
- eine gesicherte Umgebung gestalten
- Grundlagen erforschen und Details überprüfen
- gut überlegte Entscheidungen vorbereiten
- die Bedürfnisse anderer wahrnehmen und anerkennen

4. Um sich besser entfalten zu können, braucht eine dominante Person:

- schwierige Aufgaben
- die Einsicht, daß andere Menschen im Gesamtprozeß wichtig und nötig sind
- Vorgehensweisen und Techniken, die auf praktischen Erfahrungen beruhen
- gelegentlich ein Aufrütteln, um eigene Vorstellungen in Frage zu stellen
- die Eingliederung in eine Gruppe
- die Bereitschaft, Rechenschaft abzulegen und zu erklären, wie Entschlüsse zustande gekommen sind
- klare Abgrenzung des Kompetenzbereiches
- eine klare Festlegung des Arbeitstempos, das auch Entspannung zuläßt

5. Als Christ / in der Gemeinde:

- läßt sich oft nur durch eine aufrüttelnde Erfahrung auf den Glauben ein
- ist, wenn er sich engagiert, oft in Leitungsaufgaben (Pastor, Ältester, Bereichsleiter, Jugendkreisleiter usw.) und neuen Gemeindeaktivitäten anzutreffen
- wenn er seine Gaben Gott unterstellt, ist er ein idealer Kandidat für gemeindliche Leitungsaufgaben
- braucht dringend die Einbindung in eine Gruppe, in der diese Person keine Leitungsaufgabe hat

Der höchste Punkt:
I – Initiativ

Eine „Initiative“ Person fühlt sich herausgefordert, wenn andere gewonnen und zusammengebracht werden müssen.

Prototyp:
Petrus
Fallstudie:
Joh. 21,1-22

1. Tendenzen einer initiativen Person:

- knüpft Kontakte
- macht einen guten Eindruck
- drückt sich gut und klar aus
- schafft eine motivierende Atmosphäre und Umgebung
- verbreitet Begeisterung
- unterhält andere
- will anderen helfen
- arbeitet gern in der Gruppe

2. Eine initiative Person braucht ein Umfeld, in dem folgendes möglich ist:

- Beliebtheit
- öffentliche Anerkennung der Fähigkeiten
- freie Meinungsäußerung
- Gruppenaktivitäten außerhalb der Arbeit
- gleichberechtigte, freundschaftliche Beziehungen
- Freiheit von Detailarbeit und Kontrolle
- Gelegenheit, Vorschläge auszusprechen
- Schulung und Beratung anderer
- angenehmes Arbeitsklima

3. Eine initiative Person braucht andere, die:

- sich auf **eine** Aufgabe konzentrieren
- sich an Fakten orientieren
- offen und direkt reden
- Aufrichtigkeit achten
- systematische Vorgehensweisen entwickeln
- sich lieber mit Dingen als mit Menschen beschäftigen
- Aufgaben mit Logik anpacken
- den Ablauf von Prozessen von Anfang bis Ende persönlich überprüfen

4. Um sich besser entfalten zu können, braucht eine initiative Person:

- Zeitkontrolle, wenn D oder S unter der Mittellinie liegen
- Objektivität im Entscheidungsprozeß
- Mitbestimmung, Gleichberechtigung im Managementteam
- realistische, leistungsorientierte Einschätzung anderer
- Prioritäten und feste terminliche Vorgaben, bis wann ein Projekt abgeschlossen sein muß
- ein entschlossenes Auftreten gegenüber anderen, wenn D unter der Mittellinie liegt

5. Als Christ / in der Gemeinde:

- dieser Person fällt es relativ leicht, über persönliche Erfahrungen im Glauben zu reden
- ist in der Gemeinde mehr der Evangelist bzw. der Öffentlichkeitsbeauftragte. Ihm fällt es nicht schwer den Begrüßungsdienst zu übernehmen. Kann Gespräche in Gang bringen, ist jedoch bei Überziehung der Alleinunterhalter von Gesprächskreisen.
- redet im allgemeinen mehr oberflächlich und mag keine Routine
- Projekte (z.B. Gemeindefest), bei denen schnelle Erfolge möglich sind und Lob erhalten seine Motivation
- ist von seinen Begabungen her gesehen mehr der Leiter von Kleingruppen (z.B. Hauskreis)

Der höchste Punkt: S – Stetig

Eine Person mit „Stetigem" Verhalten fühlt sich herausgefordert, wenn sie mit anderen zusammenarbeitet.

Prototyp: Abraham

Fallstudie: 1. Mose 12-22

1. Tendenzen einer stetigen Person:

- hält erst einmal akzeptierte Arbeitsabläufe
- bleibt gerne an einem Arbeitsplatz
- ist geduldig
- entwickelt spezialisiertes Können
- konzentriert sich auf die Aufgaben
- ist loyal und zeigt Treue
- ist ein guter Zuhörer
- beruhigt aufgeregte Leute

2. Eine Person mit stetigem Verhalten braucht ein Umfeld, in dem folgendes möglich ist:

- Sicherheit
- geordnete und bewährte Abläufe, Begründungen für Veränderungen
- minimale Beeinflussung der Privatsphäre durch den Beruf
- Anerkennung für geleistete Arbeit
- begrenztes Aufgabengebiet
- echte, ernsthafte Wertschätzung
- Eingliederung und Identifikation mit einer Gruppe
- geregelte Vorgehensweisen

3. Eine Person mit stetigem Verhalten braucht andere, die:

- schnell auf unerwartete Änderungen reagieren
- bewußt auf die Herausforderungen einer neuen Aufgabe zusteuern
- an mehreren Teilbereichen gleichzeitig arbeiten
- auf andere Druck ausüben
- auch in ungeordneten, unvorhersehbaren Situationen arbeiten können
- Aufgaben an andere delegieren
- eine flexible Arbeitsweise haben

4. Um sich besser entfalten zu können, braucht eine Person mit stetigem Verhalten:

- Vorbereitung auf Veränderungen
- Bestätigung der eigenen Person
- Information, wie die eigene Leistung zum Gesamterfolg beiträgt
- zuverlässige Kollegen mit gleichen Kompetenzen
- Richtlinien für die Durchführung von Aufgaben
- Anstöße und Aufmunterung zu Kreativität
- Vertrauen in die Fähigkeit anderer

5. Als Christ / in der Gemeinde:

- gehört in der Regel zu den loyalsten und verläßlichsten Mitarbeitern
- arbeitet gern im Hintergrund
- ist familienorientiert. Hat ein natürliches Interesse am Ergehen seines Nächsten und ist in Gemeinden oft der Ansprechpartner für Aussprachen (Seelsorge).
- Besuchsdienst, Kranken- und Altenbetreuung werden in erster Linie von diesen Personen wahrgenommen
- bezieht in der Wortverkündigung die Gemeinde am meisten mit ein
- neigt bei Übertreibung seiner Persönlichkeit zu Unflexibilität

Der höchste Punkt: G – Gewissenhaft

Eine „Gewissenhafte" Person fühlt sich herausgefordert, wenn bekannte und bewährte Vorgehensweisen eingesetzt werden, um Qualität zu sichern.

Prototyp:
Moses
Fallstudie:
2. Mose 3-4

1. Tendenzen einer gewissenhaften Person:

- folgt Anweisungen und Normen
- konzentriert sich auf wichtige Details
- arbeitet unter geregelten Bedingungen
- geht diplomatisch mit Menschen um
- überprüft auf Genauigkeit
- denkt kritisch
- ordnet sich Autoritäten unter

2. Eine gewissenhafte Person braucht ein Umfeld, in dem folgendes möglich ist:

- Sicherheitsgarantien
- festgelegte Arbeitsweisen
- eine behütete Umgebung
- Bestätigung
- Vorbereitung auf plötzliche und unvermittelte Veränderungen
- Zugehörigkeit zu einer Gruppe (Arbeitsgruppe)
- Beibehaltung bewährter Verfahrensweisen, solange die Qualitätskontrolle gesichert ist

3. Eine gewissenhafte Person braucht andere, die:

- ihren Verantwortungsbereich erweitern wollen
- wichtige Aufgaben delegieren
- schnelle Entscheidungen treffen können
- Grundsatzregelungen nur als Richtlinien benutzen
- mit der Opposition Kompromisse schließen
- unpopuläre Standpunkte aussprechen und darlegen

4. Um sich besser entfalten zu können, braucht eine gewissenhafte Person:

- Aufgaben, die Detail und Präzision erfordern
- Gelegenheit zu sorgfältiger Planung
- genaue Arbeitsanweisungen und Zielsetzungen
- regelmäßige Leistungsbewertung
- höhere Wertschätzung der Menschen als Person unabhängig von ihrer Leistung
- mehr Toleranz in Konfliktsituationen

5. Als Christ / in der Gemeinde:

- hat überdurchschnittlich viel mit Schuldgefühlen zu kämpfen
- ist in den Gemeinden oft für die Finanzen und Planung (Bauprojekte, Jahresplanungen), die Erarbeitung von Statistiken usw. zuständig.
- hilft (dient) dem gemeindlichen Leiter in der alltäglichen Arbeit und ist für ihn oft von unschätzbarem Wert
- hat ein ausgeprägtes Gerechtigkeitsempfinden
- in der Wortverkündigung ist er mehr der Lehrer, dem Genauigkeit, auch bei Detailfragen, wichtig ist.
  Ist neuen Ansätzen in der Gemeindearbeit gegenüber zunächst zurückhaltend und neigt bei Übertreibung zu Pedanterie.

Erklärung der beiden Diagramme

Diagramm I: Verhalten, das von mir erwartet wird

Die Auswertung von Diagramm I beschreibt die Tendenzen Ihres Verhaltens, die für Ihre Umgebung am ehesten erkennbar sind.
Diagramm I entsteht aufgrund der **„Am Ehesten"**-Antworten und berücksichtigt den Einfluß, den andere auf Ihr Verhalten haben. Diese Kurve spiegelt augenblickliche Informationen wider, die Sie von Ihrer Umgebung erhalten. Es wird deutlich, welche Erwartungshaltung Ihre jeweilige Umgebung Ihnen gegenüber hat.

Die Kurve in Diagramm I ist eine dynamische Kurve, d.h., sie kann sich verändern, sobald Sie sich in einer anderen Umgebung bewegen. Es ist gut möglich, daß Sie sehr unterschiedliche Kurven erhalten, je nachdem auf welchem persönlichen Hintergrund Sie die Fragen beantwortet haben (Arbeitsplatz, Verein, Privatleben).

Beispiel Diagramm I:
Erwartung anderer

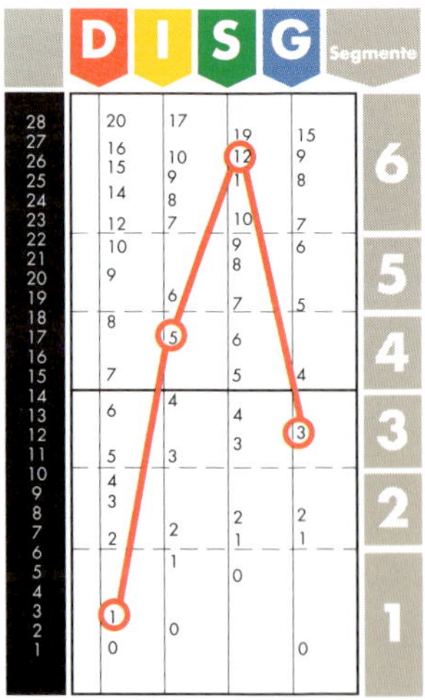

Diagramm II:
„Mein wirkliches Ich"

Die Auswertung von Diagramm II beschreibt die Tendenzen Ihres Verhaltens, die anderen besonders in Streßsituationen an Ihnen auffallen.

Die Kurve in Diagramm II nimmt die **„Am Wenigsten"**-Antworten als Grundlage und berücksichtigt Informationen, die Sie über sich selbst im Laufe von Jahren gesammelt haben. Unter Druck oder leichtem Streß reagieren Sie „normal", d.h., Sie reagieren ehrlich und können sich weniger verstellen.

Die Kurve in Diagramm II ist eine relativ statische Kurve. Sie wird sich nur allmählich verändern, wenn seelische Belastungen und traumatische Erlebnisse Sie dazu zwingen, diese Informationen neu zu überdenken.

Beispiel Diagramm II:
„Mein wirkliches Ich"

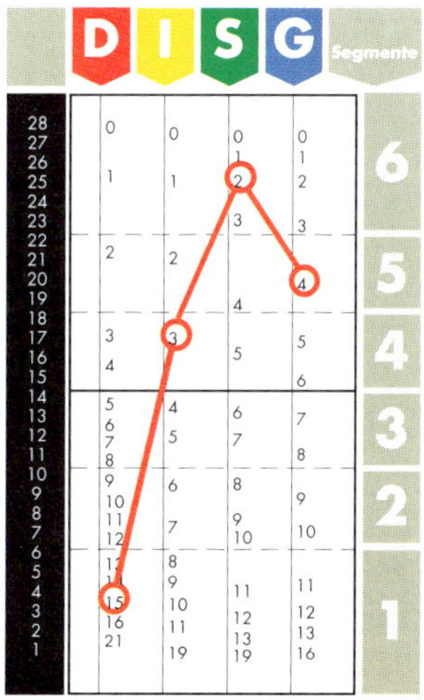

Ähnliche Kurven

Wenn die Kurven in den beiden Diagrammen sehr ähnlich sind, deutet das darauf hin, daß Ihr typischer Verhaltensstil den Erwartungen Ihres momentanen Umfeldes entsprechen.
Das kann durch mehrere Faktoren begründet sein:

1. Ansprüche, die an Sie gestellt werden, entsprechen den Erfahrungen, die Sie in der Vergangenheit gemacht haben.

2. Sie bestimmen, was andere von Ihnen fordern können.

3. Die Anforderungen Ihres Umfeldes entsprechen nicht Ihrem typischen Verhaltensstil, aber Sie haben sich entschlossen, Ihren Stil beizubehalten und umgeben sich deshalb mit Menschen, deren Verhaltensstil Sie ergänzt.

Beispiel Diagramm I:
Erwartung anderer

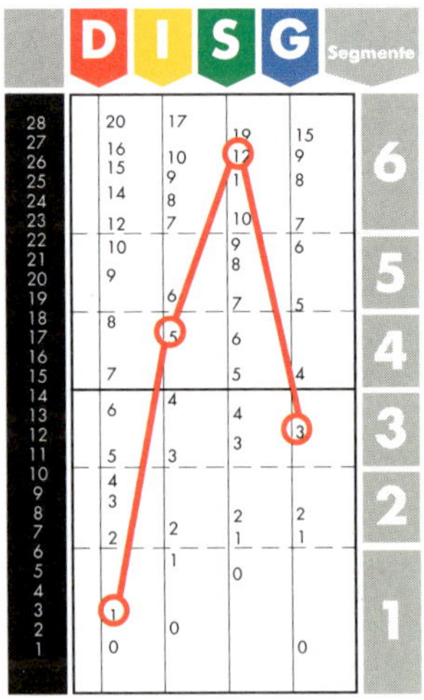

Beispiel Diagramm II:
„Mein wirkliches Ich"

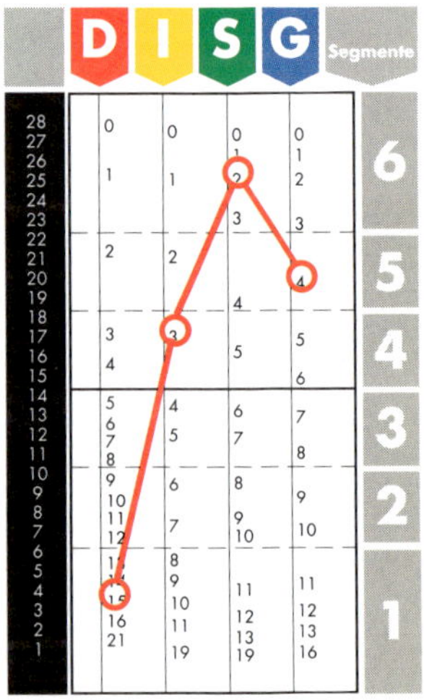

Verschiedene Kurven

Wenn die Kurven in den beiden Diagrammen sich stark unterscheiden, deutet das darauf hin, daß Ihre Umgebung von Ihnen ein Verhalten fordert, das sich von Ihrem „typischen Stil“ unterscheidet. Der Unterschied kann auch darauf hinweisen, daß Sie sich in einer neuen Umgebung bewegen und versuchen, Ihren Stil an die Erwartungen anderer anzupassen. Bei sehr starken Abweichungen ist es möglich, daß Sie sehr viel Energie aufwenden müssen, um den Erwartungen Ihrer Umwelt gerecht zu werden, was über eine längere Zeitspanne zu Streß führen kann.

Beispiel Diagramm I:
Erwartung anderer

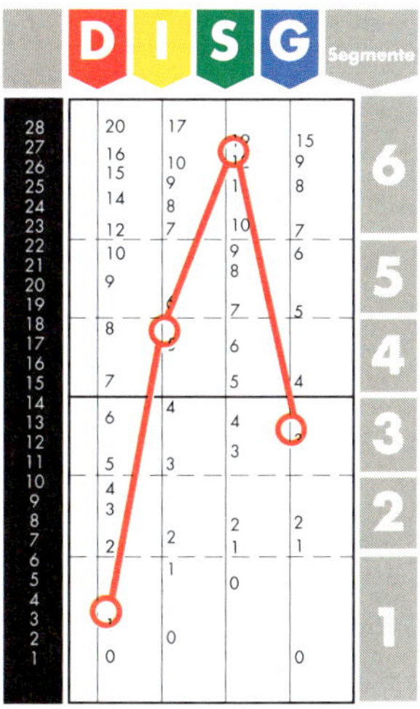

Beispiel Diagramm II:
„Mein wirkliches Ich“

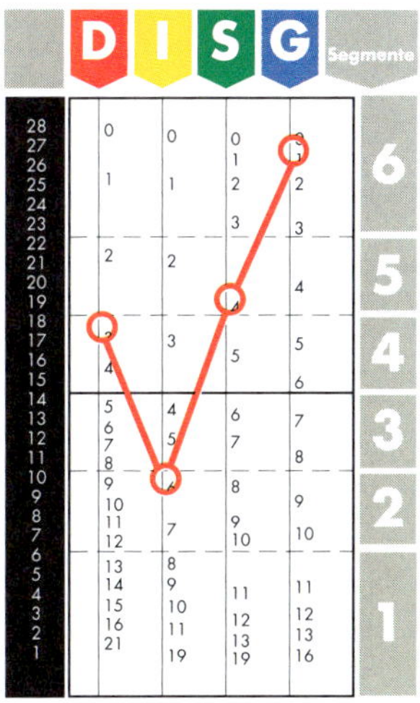

Wer verträgt sich wie mit wem

Typen \ Verträglichkeit			hervorragend 1	2
D	D			
D	i			
D	S		Arbeit	
D	G			
i	i		Freizeit	
i	S		Arbeit	
i	G			
S	S		Freizeit	
S	G		Freizeit	Arbeit
G	G		Freizeit	

gut		mäßig		schlecht	
3	4	5	6	7	8
Freizeit		Arbeit			
Freizeit			Arbeit		
			Freizeit		
		Arbeit			Freizeit
				Arbeit	
		Freizeit			
Arbeit				Freizeit	
Arbeit					
Arbeit					

Zusammenfassung

	D
Wert für das Team	richtungsweisend, Motor
Besondere Stärke	zweck- und zielorientiert; löst Probleme schnell, erreicht Ziele
Mögliche Schwäche	kontaktarm, ungeduldig, autoritär
Motivation durch	Ergebnisse Herausforderung Aktionen
Umgang mit der Zeit	nutzt die Zeit, geht sofort zum Wesentlichen
Kommunikation	einseitig, kein guter Zuhörer, kann Gespräche Gang bringen
Entscheidungs-findung	impulsiv, trifft zielorientiert Entscheidungen
Verhalten unter Druck	beherrschend

I	S	G
ellt Kontakte zu enschen her	führt spezialisierte Arbeiten aus und arbeitet kontinuierlich	Konzentration auf Details
egeisterung, motiviert und ewinnt Menschen	menschenorientiert, hohe Teamfähigkeit	Ausdauer und Genauigkeit
ngeduldig, mangelnde etailgenauigkeit, enig organisiert	opfert Ziele für harmonische Beziehungen	sehr vorsichtig zu gründlich Recht haben
nerkennung eifall ofilierung	Beziehungen Verständnis	Qualität Bestätigung
t von einer Attraktion r anderen	Zeit für persönlichen Austausch, auch auf Kosten der Aufgabe	arbeitet langsam, um Genauigkeit zu gewährleisten
egeisternd, anregend, oft nseitig, kann andere spirieren	gegenseitige Kommunikation guter Zuhörer	guter Zuhörer, besonders bei Sachgesprächen, kann „zwischen den Zeilen lesen"
tuitiv, schnell ele Gewinne und Verluste	nach Rücksprache, trifft Entscheidungen langsam, hört auf andere	zögernd, gründlich, braucht viele Fakten sucht Alternativen
greifend	nachgebend	ausweichend

Interpretationsstufe II

Bisher wurde nur der höchste Punkt aus den Diagrammen in die Interpretation einbezogen. Es kann davon ausgegangen werden, daß niemand nur dominant, initiativ, stetig oder gewissenhaft ist. Wichtig ist deshalb, daß auch der zweithöchste Punkt mit in die Interpretation eingeht, da er ebenfalls Einfluß auf Ihr Verhalten hat. In diesem Schritt wird die Ausprägung Ihrer nächsthöheren Kurvenpunkte einbezogen. Die Interpretation ergibt sich aus der Gesamtschau Ihrer Persönlichkeitskurve.

1. Jeder Kurvenpunkt, sowohl in Diagramm I als auch in Diagramm II, befindert sich in einem bestimmten Segment des Diagramms. Lesen Sie zunächst in Diagramm I in der Spalte **D** (S. 157) ab, in welchem Segment Ihr Kurvenpunkt liegt und tragen Sie die Segmentzahl in den linken Kasten bei Segmente in der Anlage C (S. 155) ein. Verfahren Sie so auch bei **I**, **S** und **G**. Mit dieser Reihenfolge, von links nach rechts werden die Segmente festgelegt (siehe Beispiel S. 61).

2. Verfahren Sie genauso bei Diagramm II und tragen Sie das Ergebnis in der Anlage D (S. 157) bei Segmente ein.

3. Allen Segmenten (4stellige Zahl) ist in der Anlage B ab Seite 144 ein „DISG-Typ" zugeordnet. Suchen Sie sich Ihre Zahl und tragen Sie den Namen in Anlage C und D (S. 155ff.) bei „DISG-Typ" ein.

4. Auf Seite 61 befindet sich das Inhaltsverzeichnis der „DISG-Typen". Lesen Sie zunächst Ihren „DISG-Typ" aus Diagramm II. Streichen Sie mit einem „Marker" all das an, wo Sie sich wiederfinden. Sie finden hier wesentliche Erkenntnisse Ihres Persönlichkeits-Profils.

Lesen Sie anschließend Ihren „DISG-Typ" aus Diagramm I in der gleichen Art und Weise. Sie erhalten so noch weitere Informationen über Ihr Verhalten, Ihre Stärken und Tendenzen. Machen Sie sich so viel wie möglich persönliche Notizen und nutzen Sie die Vorlagen dazu aus.

Beispiel:

Der Kurvenpunkt **S** befindet sich im Segment 6

Der Kurvenpunkt **I** befindet sich im Segment 4

Der Kurvenpunkt **G** befindet sich im Segment 3

Der Kurvenpunkt **D** befindet sich im Segment 1

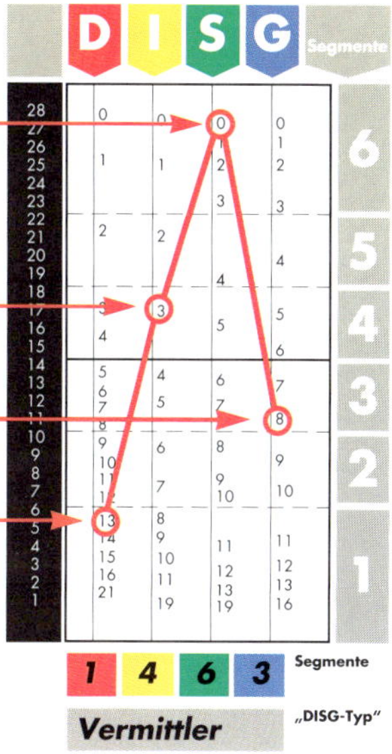

Inhaltsverzeichnis der „DISG–Typen"

Entwickler

Biblischer „DISG-Typ": Salomo

Grundtendenz:
Sehr eigenständig, darauf bedacht, persönliche Bedürfnisse zu befriedigen

Zielvorstellungen:
Eine neue Gelegenheit und Herausforderung

Bewertet andere:
Nach deren Fähigkeit, die Normen des Entwicklers zu erfüllen

Beeindruckt und beeinflußt andere:
Durch selbsterarbeitete Problemlösungen

Beitrag/Wert für eine Organisation:
Wälzt keine Verantwortung ab;
bringt neue und erfindungsreiche Problemlösungen

Tendenz bei Überbetonung:
Übertriebene Kontrolle von Menschen und Situationen; versucht andere bewußt zu manipulieren, um seine eigenen Ziele zu erreichen

Mögliche Reaktionen unter Druck/Streß:
Wird zum „Einzelkämpfer",
wenn Dinge erledigt werden müssen;
wird streitsüchtig, wenn seine Individualität bedroht ist oder keine neuen Herausforderungen abzusehen sind

Befürchtet:
Langeweile

Wird effektiver durch:

Geduld, Einfühlungsvermögen; Mitarbeit mit anderen; außergewöhnliche Aufgaben

Gehäuft auftretende geistliche Gaben:

Apostel, Erkenntnis, Weisheit

Weitere biblische „DISG-Typen":

Lydia

Beispiel:
Segmente 6322

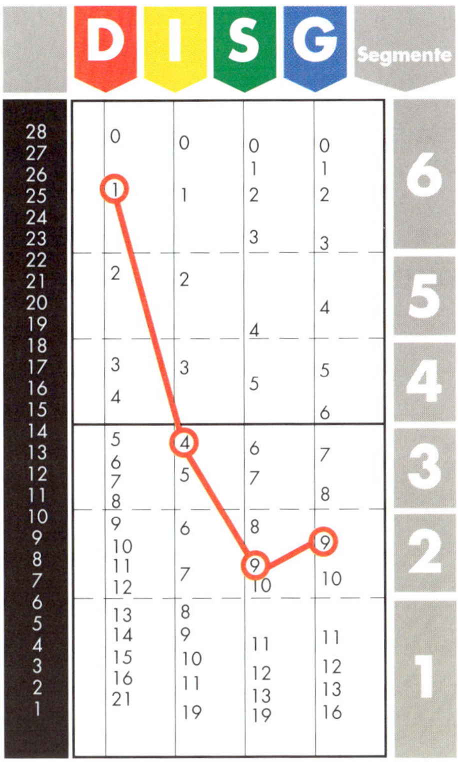

Entwickler

Erläuterungen zum Verhaltensstil

Entwickler sind Individualisten, ständig auf der Suche nach neuen Horizonten. Sie verlassen sich am liebsten auf sich selbst und wollen ihre eigenen Lösungen finden. Wenn Entwickler unabhängig arbeiten können, sind sie in der Lage, althergebrachte Vorgehensweisen links liegen zu lassen und ganz neue phantasievolle Lösungen und Wege einzuschlagen. Sie neigen dazu, direkt und bestimmt aufzutreten, haben jedoch die Fähigkeit, Menschen und Situationen geschickt zu manipulieren. Wird ihr Individualismus eingeschränkt, müssen sie sich z.B. in einer Gruppe ein- und unterordnen, dann werden Entwickler oft streitsüchtig. Sie brauchen Herausforderungen und die Gelegenheit zur Beförderung.

Entwickler sind egozentrisch und stellen hohe Erwartungen an andere. Sie haben wenig Einfühlungsvermögen und kritisieren hart, wenn ihre Erwartungen nicht erfüllt werden. Andere empfinden sie oft als herzlos. Wenn jemand Schmerzen hat, holen sie bestenfalls eine Aspirin-Tablette und sagen: „Stell dich nicht so an.“ Nachsicht im Hinblick auf zu erfüllende Aufgaben werden sie jedoch nicht üben.

Erläuterungen zum biblischen „DISG-Typ“:

Die individualistische Orientierung eines Entwicklers wird im Prediger Salomo deutlich: 41 mal benutzt hier Salomo allein in den ersten beiden Kapiteln das Wort „ich“ (Pred. 1-2). Die Zielvorstellung eines Entwicklers, stets neue Herausforderungen zu suchen, befähigt ihn, Israel an den Höhepunkt seiner Macht zu führen. Die Gefahr des Entwicklers - andere für seine Zwecke zu manipulieren - legt allerdings gleichzeitig den Grundstein zu Israels Niedergang (1. Kön. 11,1). Typisch für die Fähigkeit eines Entwicklers, ganz neue, phantasievolle Lösungen zu finden - das Alte Testament spricht hier von „Weisheit" (1. Kön. 10,23) -, ist das berühmte „Salomonische Urteil", von dem 1. Könige 3,16-28 berichtet.

Persönliche Notizen

Ergebnisorientierter Mensch

Biblischer „DISG-Typ": Josua

Grundtendenz:
Große Ichstärke, auch nach außen dargestellt;
zeigt Unabhängigkeit und Verärgerung

Zielvorstellungen:
Dominanz und Unabhängigkeit

Bewertet andere:
Ob sie eine Aufgabe schnell erledigen können

Beeindruckt und beeinflußt andere:
Charakterstärke; Beharrlichkeit

Beitrag/Wert für eine Organisation:
Ausgeprägter Kampfgeist

Tendenz bei Überbetonung:
Hält nur schwer die Spannung unbefriedigter Bedürfnisse aus;
verliert ungern

Mögliche Reaktionen unter Druck/Streß:
Wird kritisch und hält anderen pedantisch ihre Fehler vor;
weigert sich, im Team zu arbeiten;
könnte Vorrechte mißbrauchen

Befürchtet:
Von anderen ausgenutzt zu werden;
Trägheit und Schwerfälligkeit;
allzu vertrauensvollen Umgang mit anderen

Wird effektiver durch:
Aussprechen und Erklären seiner Schlußfolgerungen;
echtes Interesse an Menschen;
Geduld; Bescheidenheit

Gehäuft auftretende geistliche Gaben:
Apostel, Dienen, Glauben, Leitung

Weitere biblische „DISG-Typen":
Sara

Beispiel:
Segmente 6423

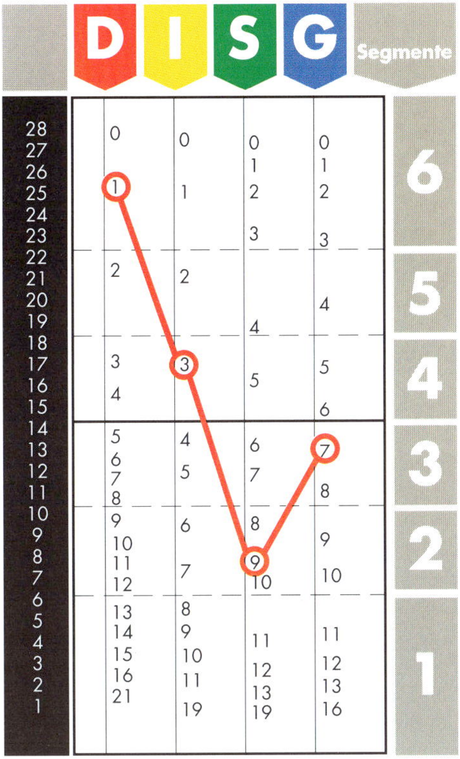

Ergebnisorientierter Mensch

Erläuterungen zum Verhaltensstil

Ergebnisorientierte Menschen zeigen ein Selbstbewußtsein, das manche als überheblich empfinden.

Ergebnisorientierte Menschen suchen bewußt nach Gelegenheiten, in denen sie ihre Fähigkeiten, Ergebnisse zu erzielen, testen und beweisen können. Von schwierigen Aufgaben, Wettbewerbssituationen, ungewöhnlichen Aufträgen und wichtigen Positionen fühlen sie sich herausgefordert. Sie übernehmen Verantwortung mit der Haltung: „Ich mach das schon!" Und hinterher heißt es: „Ich habe ja gewußt, daß ich das kann!"

Direkte Kontrolle, zeitraubende Detailarbeit und Routineaufgaben empfinden sie als Einengung und versuchen sie zu vermeiden. Schwierigkeiten mit anderen ergeben sich oft daraus, daß ergebnisorientierte Menschen sehr energisch und direkt sind. Sie denken und handeln schnell. Sie sind ungeduldig und kritisch denen gegenüber, die langsamer sind. Oft fehlt ihnen Einfühlungsvermögen, und ihr Egoismus ist manchmal so anmaßend, daß andere Schwierigkeiten im Umgang mit ergebnisorientierten Menschen haben. Sie empfinden sie als kalt und grob.

Erläuterungen zum biblischen „DISG-Typ":

Die Beharrlichkeit und der ausgeprägte Kampfgeist Josuas wird deutlich, als er das Land Kanaan mit Gottes Hilfe durchaus für eroberbar hält, während die anderen dies für unmöglich halten (4. Mose 13-14). Nicht umsonst wird er nach dem Tod des Mose zu dessen Nachfolger und führt Israel schließlich in das verheißene Land (5. Mose 31,14.23).

Typisch für ergebnisorientierte Menschen ist es, Anweisungen zu geben, deren strikte Befolgung sie erwarten: Die Worte „Anweisung" oder „anweisen" werden im Buch Josua 49 mal gebraucht, häufig von Josua selbst.

Persönliche Notizen

Ermutiger

Biblischer „DISG-Typ": Barnabas

Grundtendenz:
Zugänglich, herzlich und verständnisvoll

Zielvorstellungen:
Freundschaften schließen und halten;
andere glücklich und zufrieden machen

Bewertet andere:
Zunächst grundsätzlich positiv,
sucht nach dem Guten im Menschen

Beeindruckt und beeinflußt andere:
Durch gute persönliche Beziehungen;
eine offene gewinnende Art

Beitrag/Wert für eine Organisation:
Zuverlässig, ausgeglichen, einfühlsam;
breites Spektrum von Freundschaften, guter Zuhörer

Tendenz bei Überbetonung:
Mangel an Verbindlichkeit und Direktheit;
zu behutsamer Umgang mit anderen;
ist oft zu tolerant

Mögliche Reaktionen unter Druck/Streß:
Wird ausweichend oder persönlich;
hat zuviel Vertrauen zu Menschen,
die weniger Skrupel haben

Befürchtet:
Vertragsabschlüsse durch aggressive Verkaufstaktik;
Menschen auszunutzen;
den Vorwurf, andere verletzt zu haben

Wird effektiver durch:
Beachten von realistischen Terminen;
mehr Durchstehvermögen bei längeren Aufgaben

Gehäuft auftretende geistliche Gaben:
Barmherzigkeit, freiwillige Armut, Gastfreundschaft, Geben, Hirtendienst, Missionar, Seelsorge

Weitere biblische „DISG-Typen":
Abigail

Beispiel:
Segmente 1644

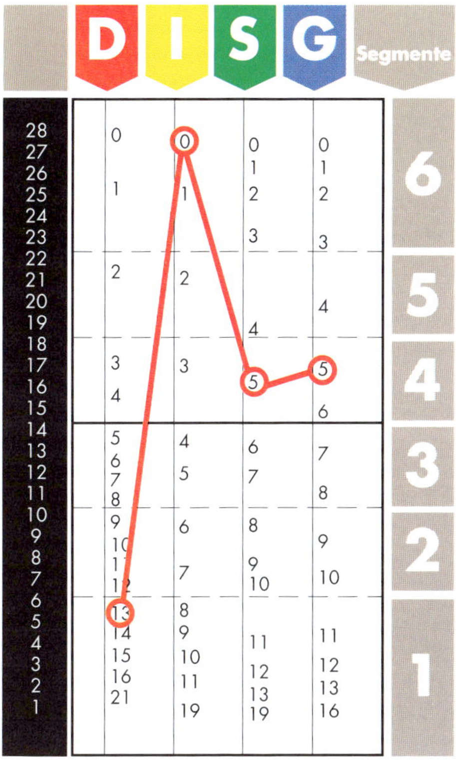

Ermutiger

Erläuterungen zum Verhaltensstil

Ermutiger können gut zwischenmenschliche Probleme lösen. Sie beeindrucken andere mit ihrer Herzlichkeit, ihrem Einfühlungsvermögen und Verständnis. Ermutiger verkehren mit anderen am liebsten auf einer vertraulichen Basis einer jahrelangen Freundschaft. Dazu ist eine entspannte Atmosphäre notwendig, die in einer Führungsposition oft nicht möglich ist.

Ermutiger sind gute Zuhörer. Sie erkennen Probleme und geben auf eindringliche Weise Lösungsvorschläge, die sie jedoch anderen nicht aufdrängen.

Ermutiger sind oft zu geduldig und tolerant mit unproduktiven Mitarbeitern. Unter Druck geraten Ermutiger in Schwierigkeiten. Wenn sie Anweisungen geben, Forderungen aufstellen oder andere zurechtweisen, sind sie oft zu indirekt. Weil ihnen Menschen sehr wichtig sind, legen sie weniger Gewicht auf Aufgabenerfüllung. Bei der Festsetzung und Erfüllung realistischer Fristen brauchen sie manchmal Hilfe. Kritik empfinden sie oft als persönlichen Angriff, Aufmerksamkeit und Komplimente für gut geleistete Arbeit beflügeln sie.

Erläuterungen zum biblischen „DISG-Typ":

Der Levit Joseph aus Zypern verkörpert den hier beschriebenen Ermutiger-Typus so sehr, daß er von den Aposteln „Barnabas" - auf deutsch - „Sohn des Trostes" - genannt wurde (Apg. 4,36). Es paßt zu der stark ausgeprägten Zielvorstellung des Ermutigers - andere glücklich und zufrieden zu machen, auch wenn der Preis hoch ist -, daß Barnabas aus Liebe zu den Armen seinen Acker verkaufte, um ohne irdische Sicherungen zu leben (Apg. 4,37). Die typische Ermutiger-Eigenschaft, zunächst das Gute im Menschen zu suchen, zeigt sich bei Barnabas, als er bewußt auf den verhaßten Christenverfolger Saulus zugeht, während sich die anderen Jünger vor ihm fürchten (Apg. 9,27). Später legt er gegenüber Johannes Markus, von dem sich Paulus wegen dessen Unbeständigkeit trennen will, ein ähnliches Verhalten an den Tag (Apg. 15,37). Daß die manchmal allzugroße Toleranz und indirekte Art eines Ermutigers auch problematisch werden kann, wird deutlich, als Barnabas in der Frage der Gesetzesfreiheit unter dem Einfluß des Petrus ins Schwanken gerät (Gal. 2,13).

Persönliche Notizen

Eroberer

Biblischer „DISG-Typ“: Paulus

Grundtendenz:
Hat es gelernt, mit Spannungszuständen zu leben,
nimmt Aggression von anderen und von sich selbst an;
manchmal etwas verschlossen

Zielvorstellungen:
Dominant; das Außergewöhnliche erreichen

Bewertet andere:
Nach deren persönlichen Maßstäben und
Wertvorstellungen und danach,
wie fortschrittlich und progressiv ihre Ideen sind,
um eine Sache zu erledigen

Beeindruckt und beeinflußt andere:
Indem er bei der Entwicklung neuer Dinge sagt,
wo es langgeht;
mit Kampfgeist

Beitrag/Wert für eine Organisation:
Planer und Initiator von Veränderungen

Tendenz bei Überbetonung:
Hat oft eine zu kritische Einstellung;
neigt zu Unverblümtheit;
geht mit anderen plump um

Mögliche Reaktionen unter Druck/Streß:
Von Routinearbeit schnell gelangweilt;
tritt selbstsicher und bestimmt auf,
ein Pionier; schmollt, wenn er nicht im Mittelpunkt steht

Befürchtet:
Keinen Einfluß zu haben;
an seinen Maßstäben zu scheitern

Wird effektiver durch:
Wärme; taktvolle Kommunikation;
Zusammenarbeit im Team;
Eingeständnis, daß es Grenzen gibt

Gehäuft auftretende geistliche Gaben:
Apostel, Evangelisation, Missionar, Prophetie

Weitere biblische „DISG-Typen":
Michal

Beispiel:
Segmente 6236

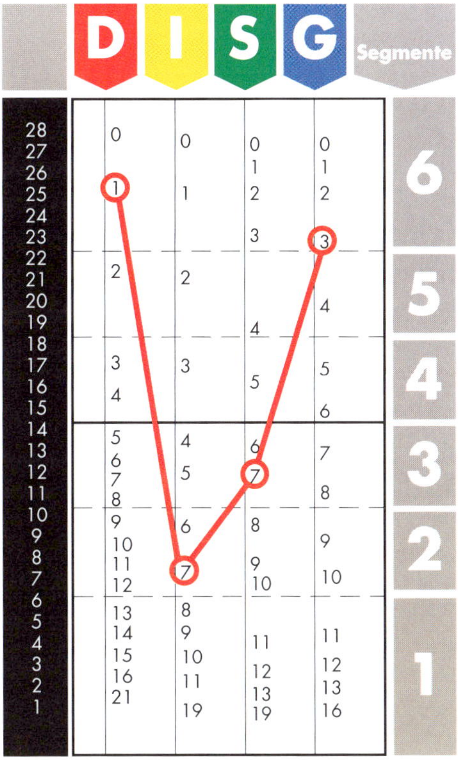

Eroberer

Erläuterungen zum Verhaltensstil

Eroberer zeigen zwei gegensätzliche Kräfte in ihrem Verhalten. Der Wunsch nach sichtbaren Erfolgen findet sein Gegengewicht in einem gleich starken Streben nach Perfektion. Aggressivität wird durch Einfühlungsvermögen gemäßigt. Gedankenblitze und schnelle Reaktionen werden von dem Wunsch gezügelt, vor der Entscheidung alle Lösungsmöglichkeiten durchdacht zu haben.

Eroberer zeigen viel Voraussicht, wenn sie sich auf ein Projekt konzentrieren. Sie setzen Dinge in Bewegung und bewirken Veränderungen. Sie können alltägliche Entscheidungen sehr schnell treffen, sind dagegen bei größeren Entscheidungen extrem vorsichtig.

Eroberer brauchen die Freiheit, Neues zu erforschen, und dann die Autorität, das Gefundene immer wieder zu überprüfen. Manchmal brauchen sie Hilfe, um ein Projekt zu Ende zu führen. Zu starke Einschränkungen und Vorschriften ärgern sie. Manche Eroberer kümmern sich nicht unbedingt um ihr gesellschaftliches Erscheinungsbild. Manche scheinen unnahbar und plump.

Erläuterungen zum biblischen „DISG-Typ":

Der Apostel Paulus legt in seinem unerbittlichen Kampf gegen Erstarrung und Gesetzlichkeit (z.B. Gal. 2) die typischen Eigenschaften eines Eroberers an den Tag. Er kann mit Spannungen umgehen und geht Konflikten nicht aus dem Weg. Schon vor seiner Bekehrung war er von seinem Persönlichkeits-Profil ein Mensch, der nach Perfektion strebte: ein „Eiferer für die überkommenen väterlichen Satzungen" (Gal. 1,14). Als solcher wurde er zum Kommissar für die Bekämpfung der Christen ausgewählt. Nach seiner Bekehrung ändert sich dieses Persönlichkeits-Profil nicht - wohl aber die Ziele des Paulus: Nun gilt sein ganzer Eifer dem Reich Gottes. Als „Missionar für die Heiden" legt Paulus eine weitere wichtige Eigenschaft des Eroberers an den Tag: eine durch Einfühlungsvermögen gemäßigte Aggressivität. Nur auf diese Weise schafft er es, in fremden Kulturen erfolgreich das Evangelium zu verkünden und unzählige neue Gemeinden zu hinterlassen.

Persönliche Notizen

Förderer

Biblischer „DISG-Typ": Aaron

Grundtendenz:
Bereit, andere anzunehmen

Zielvorstellungen:
Anerkennung, Beliebtheit

Bewertet andere:
Aufgrund ihrer Fähigkeit, sich auszudrücken

Beeindruckt und beeinflußt andere:
Mit Lob, Freundlichkeit und Gefälligkeiten

Beitrag/Wert für eine Organisation:
Löst Spannungen; fördert Menschen und Projekte

Tendenz bei Überbetonung:
Neigt dazu, übertrieben zu loben;
oft zu optimistisch im Beurteilen der Fähigkeiten anderer

Mögliche Reaktionen unter Druck/Streß:
Wird nachlässig und sentimental;
unsystematisch bei der Erledigung von Aufgaben

Befürchtet:
Verlust gesellschaftlicher Anerkennung
und Beeinträchtigung des Selbstwertgefühls

Wird effektiver durch:
Bessere Zeitplanung; Objektivität; Gespür für Wichtiges;
Durchstehvermögen; Beherrschung der Gefühle

Gehäuft auftretende geistliche Gaben:
Gastfreundschaft, Helfen, Hirtendienst, Lehren, Seelsorge

Weitere biblische „DISG-Typen":
Saul

Beispiel:
Segmente 2633

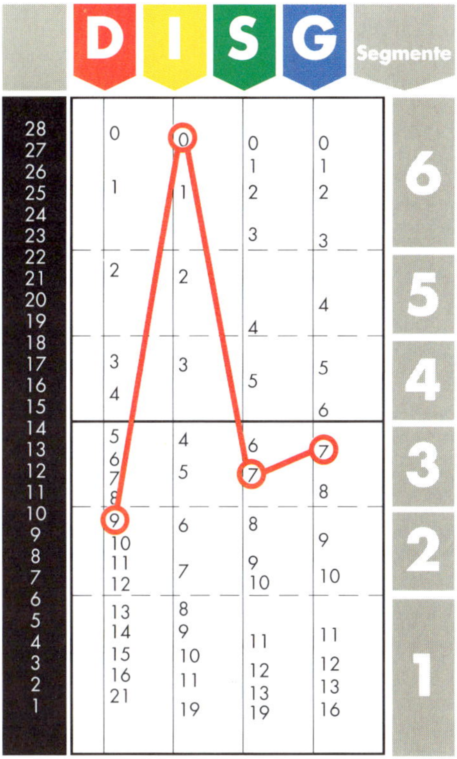

Förderer

Erläuterungen zum Verhaltensstil

Förderer haben ein weites Netz von persönlichen Kontakten und Freundschaften. Sie sind gesellig, treten sicher auf und schließen leicht Freundschaften. Nur selten verärgern sie andere absichtlich. In einer freundlichen und offenen Umgebung und Atmosphäre fühlen sich Förderer wohl. Hier können sie Beziehungen und Kontakte entwickeln und pflegen. Sie können sich gut und klar ausdrücken, sie können ihre eigenen Ideen gut „verkaufen", aber auch Begeisterung für die Projekte anderer wecken. Durch ihre vielseitigen Beziehungen haben Förderer Zugang zu Menschen, die in verschiedenen Bereichen eine Hilfe sein können.

Förderer sind in der Regel Optimisten und überschätzen oft die Fähigkeiten anderer. Sie ziehen voreilige Schlüsse, ohne alle Fakten in Betracht gezogen zu haben. Daher erscheinen sie anderen als inkonsequent. Eine einfühlende Organisation und Kontrolle hilft Förderern, mehr Zielstrebigkeit und Objektivität zu entwickeln.

Förderern fällt es oft schwer, einen erforderlichen Zeitaufwand realistisch einzuschätzen.

Erläuterungen zum biblischen „DISG-Typ":

Die ausgeprägten verbalen Fähigkeiten des Förderers zeigen sich bei Aaron sehr deutlich: Als Moses Gott gegenüber geltend macht, er habe eine „schwere Zunge", wählt Gott Aaron aus, als „Sprachrohr des Moses" bei dessen Gesprächen mit dem Pharao zu dienen (2. Mose 4,14-17). Bei Aaron lassen sich allerdings auch die Gefahren des Förderers studieren: die Angst vor dem Verlust gesellschaftlicher Anerkennung. Als Moses auf dem Berg Sinai war, um von Gott das Bundesgesetz zu empfangen, gibt Aaron dem Drängen des Volkes nach und läßt das Goldene Kalb gießen - eine Sünde, für die Aaron später Buße tut (2. Mose 32,1-6).

Persönliche Notizen

Forscher

Biblischer „DISG-Typ": Jakob

Grundtendenz:
Sachlich, selbstdiszipliniert

Zielvorstellungen:
Entschlossen und bestimmend sein

Bewertet andere:
Aufgrund deren logischer Fähigkeiten

Beeindruckt und beeinflußt andere:
Mit Entschlossenheit, Hartnäckigkeit

Beitrag/Wert für eine Organisation:
Weitreichender Überblick, sachlich, gründlich;
aufgabenorientiert,
arbeitet ausgezeichnet in einer Zweiergruppe
oder Kleingruppe

Tendenz bei Überbetonung:
Spricht leicht Verdächtigungen aus;
Spricht Dinge unverblümt aus

Mögliche Reaktionen unter Druck/Streß:
Neigt dazu, Konflikte zu verinnerlichen;
erinnert sich an erfahrenes Unrecht, nachtragend

Befürchtet:
Kontakt oder Arbeit mit großen Menschenmassen;
abstrakte Ideen zu verkaufen

Wird effektiver durch:
Mehr Flexibilität und Verständnis für andere,
engagierten Einsatz

Gehäuft auftretende geistliche Gaben:
Erkenntnis, Handwerk, Organisation

Weitere biblische „DISG-Typen":
Hanna (AT), Jakobus

Beispiel:
Segmente 3164

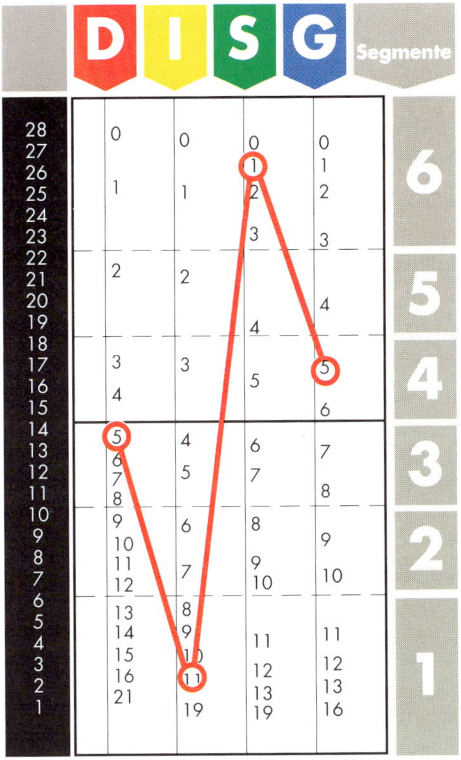

Forscher

Erläuterungen zum Verhaltensstil

Forscher sind sachlich und denken analytisch. Sie sind objektive Realisten. Sie sind in der Regel zurückhaltend. Ruhig und beständig verfolgen sie ihren Weg auf ein festgelegtes Ziel zu. Aufgrund ihrer verbissenen Entschlossenheit und ihres Durchstehvermögens sind sie in vielen Dingen erfolgreich. Eine angefangene Sache wird hartnäckig zu Ende geführt. Manchmal ist Befehlsgewalt nötig, um sie von ihrer Sturheit und Eigensinnigkeit abzubringen. Bei technisch schwierigen Aufgaben sind sie besonders erfolgreich, Logik ist für sie wichtiger als Gefühle. Wenn es sich um handfeste Dinge handelt, können Forscher gute Verkäufer sein.

Forscher arbeiten mit Zahlen, Daten und Fakten, die sie auswerten und aus denen sie logische Schlüsse ziehen. Sie arbeiten am liebsten allein und sind nicht besonders interessiert, anderen zu gefallen. Manchmal wird ihnen Kaltschnäuzigkeit und Taktlosigkeit nachgesagt.

Forscher müssen systematisch daran arbeiten, mehr Verständnis für Menschen aufzubringen.

Erläuterungen zum biblischen „DISG-Typ":

Es gibt kaum eine bessere Illustration für das Durchstehvermögen, die Selbstdisziplin und Hartnäckigkeit des Forschers als Jakob, der zweimal sieben Jahre lang darauf wartete, daß ihm Rahel zur Frau gegeben wird (1. Mose 29,16-30). Er legt immer wieder den praktischen Realitätssinn des Forschers an den Tag - bis hin zu Fragen der Tierzucht (1. Mose 30,25-43), wo er eine Strategie entwickelt, mit deren Hilfe er seinen Widersacher Laban auf raffinierte

Weise ausspielt. In dieser Episode zeigt sich gleichzeitig eine der Gefahren des Forschers; seine Neigung, Konflikte zu verinnerlichen und nachtragend zu sein.

Persönliche Notizen

Kalkulierer

Biblischer „DISG-Typ": David

Grundtendenz:
Starker Drang, Ergebnisse zu erzielen und zu gewinnen

Zielvorstellungen:
Gewinnen, aber mit Stil

Bewertet andere:
Aufgrund deren Fähigkeit, Aktivitäten einzuleiten

Beeindruckt und beeinflußt andere:
Mit Konkurrenz- und Wettbewerbssinn

Beitrag/Wert für eine Organisation:
Erreicht Ziele durch Menschen

Tendenz bei Überbetonung:
Beruft sich, wenn er nicht mehr weiter weiß, schnell auf seine Autorität und Stellung

Mögliche Reaktionen unter Druck/Streß:
Wird unruhig, aggressiv, kritiksüchtig, ungeduldig

Befürchtet:
Niederlagen, schlecht dazustehen

Wird effektiver durch:
Konsequentes Durchziehen angefangener Aufgaben bis zum Schluß;
mehr Einfühlungsvermögen beim Kritisieren;
mehr Lockerheit

Gehäuft auftretende geistliche Gaben:
Evangelisation, Leitung, Organisation, Weisheit

Weitere biblische „DISG-Typen":
Miriam

Beispiel:
Segmente 3626

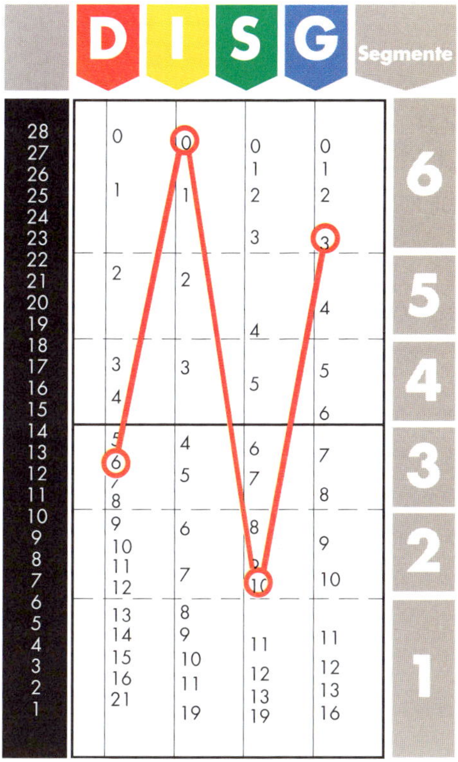

Kalkulierer

Erläuterungen zum Verhaltensstil

Kalkulierer nehmen kreative Ideen, um sie für praktische Zwecke nützlich zu machen. Sie sind sehr wettbewerbsorientiert, konkurrieren gerne und gebrauchen direkte Methoden, um Ergebnisse zu erzielen.

Weil Kalkulierer dabei Verständnis für Menschen zeigen, werden sie zwar als sehr bestimmend, aber nicht als aggressiv eingeschätzt. Kalkulierer geben keine Befehle, sondern versuchen, andere zu überreden, sich an Aufgaben zu beteiligen. Sie begründen ihre Vorschläge und gewinnen so die Mitarbeit anderer.

Kalkulierer haben ein Talent, anderen die notwendigen Arbeitsschritte nahezubringen, die zum Erreichen von Ergebnissen erforderlich sind.

Sie haben normalerweise eine detaillierte Strategie, mit deren Hilfe sie ein geordnetes Vorgehen sicherstellen wollen. Kalkulierer werden ungeduldig, wenn ihre Normen nicht eingehalten werden oder größere Projekte einen „langen Atem" erfordern. Kalkulierer sind gute kritische Denker und sehr wortgewandt, wenn es darum geht, ihre Kritik auszudrücken. Sie können dabei bissig und verletzend sein.

Kalkulierer behalten einen besseren Überblick, wenn sie entspannt sind und ihr Tempo kontrollieren. Ein hilfreiches Motto: Man kann nicht immer der Sieger sein.

Erläuterungen zum biblischen „DISG-Typ":

Der typische Wettbewerbssinn eines Kalkulierers läßt sich bei David an unzähligen Stellen nachweisen: Als Saul einen

Brautpreis von 100 Vorhäuten der Philister für seine Tochter Michal verlangt, liefert ihm David schließlich 200 (1. Sam. 18,17-30). 1. Samuel 18,16 verrät eine weitere Eigenschaft des Kalkulierers: die Fähigkeit, Menschen durch Überzeugungsarbeit auf seine Seite zu ziehen. Obwohl er noch kein König ist, hat er bereits ein ihm ergebenes Heer. Das Alte Testament beschreibt am Beispiel Davids aber auch die Schattenseiten eines Kalkulierers: die aggressiven, überzogenen Reaktionen, wenn Menschen nicht so reagieren, wie er es gerne hätte. Dieser Charakterzug wird u.a. in 1. Samuel 25 deutlich, wo David, um Nabal zu bestrafen, gleich dessen ganze Sippe umbringen will. Die Art, wie er sich durch Abigails Intervention schließlich davon abbringen läßt, zeugt aber wiederum von der zentralen Zielvorstellung eines Kalkulierers: Gewinnen aber mit Stil.

Persönliche Notizen

Leistungsmensch

Biblischer „DISG-Typ": Nehemia

Grundtendenz:
Fleißig, strebsam, zeigt Frustration

Zielvorstellungen:
Seinem persönlichen Ziel verpflichtet, manchmal auf Kosten des Zieles der Gruppe

Bewertet andere:
Aufgrund von konkreten Ergebnissen

Beeindruckt und beeinflußt andere:
Durch die Zuverlässigkeit und Verantwortlichkeit bei seiner eigenen Arbeit

Beitrag/Wert für eine Organisation:
Bestimmt und erreicht selbständig Ergebnisse, auch in kritischen Situationen

Tendenz bei Überbetonung:
Verliert vor lauter Aufgaben sein Umfeld aus den Augen; sieht vor lauter Selbstsicherheit und Selbständigkeit nicht mehr seine Begrenzungen

Mögliche Reaktionen unter Druck/Streß:
Wird frustriert und ungeduldig mit anderen; teilt eventuell nichts mit, wird Ausführer statt Delegierer

Befürchtet:
Daß andere schlechtere Arbeitsnormen haben könnten

Wird effektiver durch:
Abbau von „Entweder-oder"-Denken;
mehr Zurückhaltung im Angehen der Aufgabe;
Bereitschaft, kurzfristige für langfristige Ergebnisse zu opfern; Bereitschaft zu Kompromissen

Gehäuft auftretende geistliche Gaben:
Glaube, Leitung, Dienen, Organisation

Weitere biblische „DISG-Typen":
Martha

Beispiel:
Segmente 4263

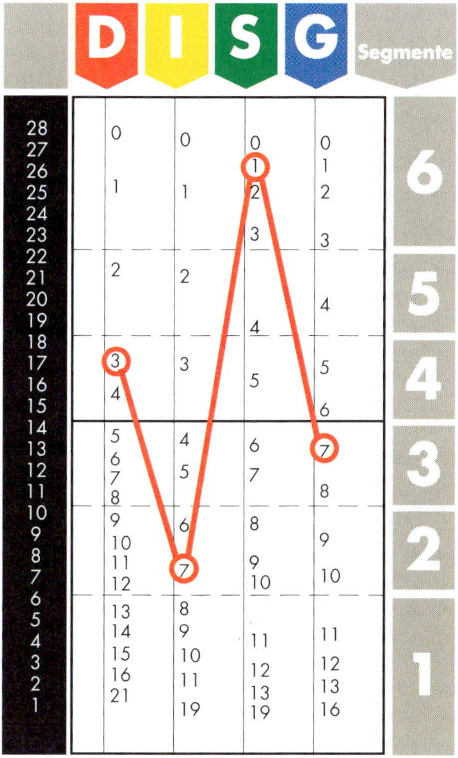

Leistungsmensch

Erläuterungen zum Verhaltensstil

Innere Motivation und tief eingeprägte persönliche Ziele bestimmen den Leistungsmenschen.

Diese Beweggründe haben Priorität vor allen Gruppenzielen. Dadurch, daß sie diese Hauptrichtung ihres Lebens beibehalten, sind sie sehr standhaft und zuverlässig.
Sie sind sehr an ihrer eigenen Arbeit interessiert und streben beharrlich nach Erfolg.

Sie sind von ihrer Arbeit sehr eingenommen und erledigen sie am liebsten selbst. Dadurch werden sie zum Ausführer anstatt zum Delegierenden. Wenn sie delegieren, besteht die Tendenz, die Aufgabe wieder zurückzunehmen, wenn sie mit der Ausführung nicht zufrieden sind.
Ihr Leitsatz: „Wenn ich Erfolg habe, will ich Anerkennung; und wenn ich versage, nehme ich die Schuld auf mich."
Mehr Absprachen in der Gruppe und bessere Kommunikation können helfen, die Ichbezogenheit der Leistungsmenschen abzubauen. („Ich muß alles selbst tun" oder „Ich will die ganze Anerkennung für mich").

Leistungsmenschen wissen, daß sie Spitzenleistungen bringen, und erwarten eine entsprechende Anerkennung.

Erläuterungen zum biblischen „DISG-Typ":

Die starke innere Motivation und die tief eingeprägten persönlichen Ziele eines Leistungsmenschen zeigen sich in den beiden monumentalen Aufgaben, denen sich Nehemia stellt: die Wiederherstellung der Stadtmauern Jerusalems und die Wiedereinführung des Gesetzes. Das ganze Buch Nehemia gibt Zeugnis von der Standhaftigkeit und Zuverlässigkeit des Leistungsmenschen Nehemia. Hindernisse können ihn nicht von seinem Ziel abhalten, so daß bereits nach 52 Tagen die Stadtmauer von Jerusalem eingeweiht werden kann (Neh. 6,15). Auch ein weiterer Wesenszug, der den Leistungsmenschen prägt, zeigt sich bei Nehemia: die erneute Übernahme einer bereits delegierten Aufgabe, wenn sie nach Eindruck des Leistungsmenschen nicht gut genug erledigt worden ist (Neh. 13,6-30).

Persönliche Notizen

Motivator

Biblischer „DISG-Typ": Stephanus

Grundtendenz:
Akzeptiert Aggression;
neigt dazu, sein Bedürfnis nach Zuwendung herunterzuspielen

Zielvorstellungen:
Die Umgebung im Griff zu haben, zu kontrollieren

Bewertet andere:
Danach, wie sie Macht und Stärke zur Geltung bringen

Beeindruckt und beeinflußt andere:
Durch Führungsstärke, Charme,
mit Belohnungen, mit Einschüchterungen

Beitrag/Wert für eine Organisation:
Ergreift die Initiative, gibt Anstöße, fordert, diszipliniert andere

Tendenz bei Überbetonung:
Oft sehr egoistisch;
das Erreichen seines Zieles ist am wichtigsten.
„Der Zweck heiligt die Mittel",
auch wenn es auf Kosten anderer geht.

Mögliche Reaktionen unter Druck/Streß:
Wird demagogisch manipulierend;
wird streitsüchtig

Befürchtet:
Zu weich zu sein; seinen Sozialstatus zu verlieren;
abhängig zu sein

Wird effektiver durch:
Echtes Einfühlungsvermögen;
Bereitschaft, anderen bei der Entwicklung ihrer Persönlichkeit zu helfen

Gehäuft auftretende geistliche Gaben:
Prophetie, Unterscheidung der Geister

Weitere biblische „DISG-Typen":
Apollos, Laban

Beispiel:
Segmente 6613

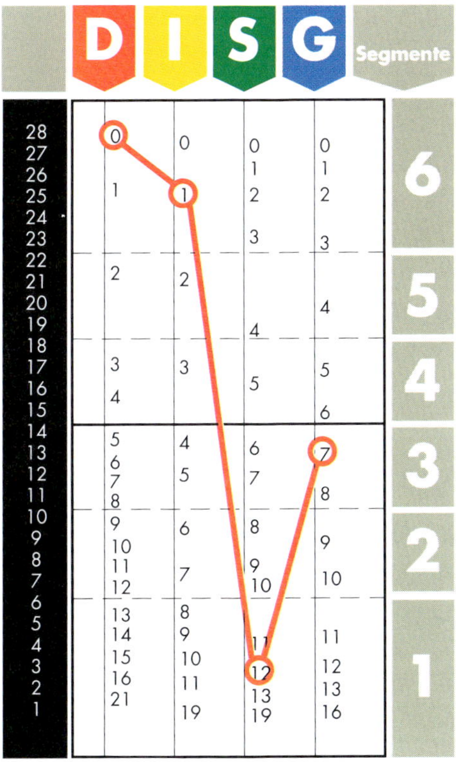

Motivator

Erläuterungen zum Verhaltensstil

Motivatoren versuchen bewußt, die Gedanken und Handlungsweisen anderer zu beeinflussen. Scharfsinnig erkennen sie die Motive eines Menschen und können dessen Handlungsweisen auf ein bestimmtes Ziel hin ausrichten. Motivatoren wissen genau, welche Ergebnisse sie erzielen wollen. Aber erst, wenn sie im anderen eine Bereitschaft geschaffen haben, stellen sie diese Ziele dem anderen vor.

Motivatoren haben ein Feingefühl für die Bedürfnisse anderer und stellen sich flexibel darauf ein: Sie spüren genau, wem sie freundschaftlich, wem autoritär oder wem fürsorglich begegnen müssen. Charmant und wortgewandt überreden sie andere, Routine- und Detailarbeiten zu übernehmen, die ihnen selbst zu eintönig erscheinen.

Andere haben oft zwiespältige Gefühle gegenüber Motivatoren: Einerseits fühlen sie sich angezogen, andererseits empfinden sie Distanz. Manche haben auch das Gefühl, ausgenutzt zu werden. Es gibt Menschen, die sich von Motivatoren einschüchtern lassen. Motivatoren setzen sich oft über die Entscheidungen anderer hinweg.

Erläuterungen zum biblischen „DISG-Typ":

Der erste Märtyrer des christlichen Glaubens war ein Mann mit einer geradezu unwiderstehlichen Ausstrahlungskraft. „Sie konnten der Weisheit und dem Geist nicht widerstehen, womit er redete", heißt es in Apostelgeschichte 6,10. In seiner berühmten Verteidigungsrede vor dem Hohen Rat (Apg.7) wird deutlich, daß er die Motive seiner Gegner genau durchschaut und sie bewußt provoziert: „Ihr Starrköpfe, am Körper seit ihr beschnitten, aber euer Herz ist unbeschnitten, und eure Ohren sind verschlossen für Gottes Botschaft. Genau wie eure Vorfahren widersetzt ihr euch ständig dem Geist Gottes" (Apg. 7,51). Nach dieser provokativen Rede wird Stephanus von seinen Gegnern gesteinigt.

Persönliche Notizen

Objektiver Denker

Biblischer „DISG-Typ": Lukas

Grundtendenz:
Lehnt zwischenmenschliche Aggression ab

Zielvorstellungen:
Genauigkeit

Bewertet andere:
Aufgrund deren gedanklicher Fähigkeiten

Beeindruckt und beeinflußt andere:
Durch Zahlen-, Daten-, Faktenkenntnisse;
logische Argumente

Beitrag/Wert für eine Organisation:
Definiert, klärt; beschafft Informationen;
bewertet, prüft

Tendenz bei Überbetonung:
Will immer neue Beweise;
gibt sich nicht mit einer Analyse zufrieden

Mögliche Reaktionen unter Druck/Streß:
Wird unruhig und besorgt

Befürchtet:
Unkontrollierte Gefühle; irrationale Handlungsweise

Wird effektiver durch:
Mehr Bereitschaft, Gefühle zuzulassen;
mehr Offenheit und Bereitschaft,
eigenes Wissen anderen mitzuteilen

Gehäuft auftretende geistliche Gaben:
Erkenntnis, Lehren, Unterscheidung der Geister

Weitere biblische „DISG-Typen":
Maria, Ruth

Beispiel:
Segmente 2356

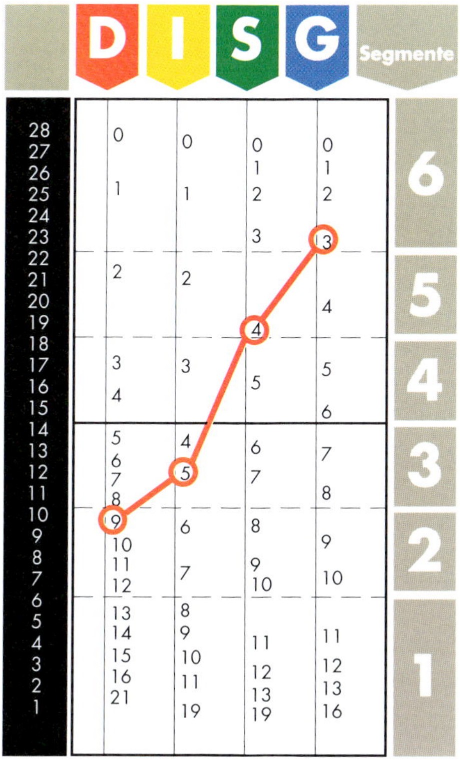

Objektiver Denker

Erläuterungen zum Verhaltensstil

Objektive Denker haben hochentwickelte Fähigkeiten, Dinge aufgrund von gesichertem Datenmaterial genau zu beurteilen. Ihnen ist es wichtig, Schlüsse zu ziehen und zu Ergebnissen zu kommen. Auch Handlungsweisen wollen sie mit Fakten abgesichert wissen. Objektive Denker verbinden mit gesammelten Fakten oft intuitive Informationen, um so wirksam wie möglich zu handeln. Wenn sie bei einem Vorgang unsicher sind, bereiten sie sich peinlich genau vor, um sich nicht zu blamieren. Sie eignen sich Fähigkeiten alleine an. Erst dann öffnen sie sich für Aktivitäten in einer Gruppe.

Objektive Denker neigen dazu, sich bei Menschen wohlzufühlen, die ähnlich veranlagt sind wie sie. In einer friedlichen Umgebung sind sie am effektivsten. Weil sie ihre Gefühle nur zögernd äußern, wirken sie auf andere oft schüchtern. Sie fühlen sich unbehaglich, wenn sie mit aggressiven Menschen zusammenkommen.

Objektive Denker wollen alles richtig machen. Deshalb fällt es ihnen manchmal schwer, Entscheidungen zu treffen. Wenn sie trotzdem einen Fehler machen, fällt es ihnen schwer, es zuzugeben. Stattdessen suchen sie nach Material, das ihren Standpunkt doch noch unterstützen könnte.

Erläuterungen zum biblischen „DISG-Typ":

Die typischen Eigenschaften des objektiven Denkers kommen bei Lukas schon in den ersten Zeilen des Lukasevangeliums zum Ausdruck: „Darum habe ich mich dazu entschlossen", schreibt er über die Ziele seiner Darstellung, „alles bis hin zu den ersten Anfängen sorgfältig zu erforschen und es für dich, verehrter Theophilus, in guter Ordnung niederzuschreiben. Ich tue das, damit du die Zuverlässigkeit der Lehre erkennst, in der man dich unterwiesen hat" (Lk. 1,3-4). Die peinliche Genauigkeit, die Betonung von Logik und Fakten ist für den gebildeten Arzt Lukas charakteristisch. Im zweiten von Lukas verfaßten Buch, der Apostelgeschichte, wird ein weiterer Persönlichkeitszug des objektiven Denkers deutlich: seine persönliche Zurückhaltung. Er, der den Apostel Paulus auf vielen seiner Reisen begleitete, bringt in seinen Schilderungen nur sehr verhalten die Worte „wir" und „uns" ins Spiel.

Persönliche Notizen

Perfektionist

Biblischer „DISG-Typ": Moses

Grundtendenz:
Kompetent, macht seine Sache richtig;
zurückhaltend, vorsichtig

Zielvorstellungen:
Sicherheit, berechenbare Ziele

Bewertet andere:
Mit präzisen Maßstäben und Normen

Beeindruckt und beeinflußt andere:
Vorgehens- und Verhaltensweisen werden im voraus festgelegt;
er beobachtet Details und Genauigkeit

Beitrag/Wert für eine Organisation:
Gewissenhaft;
wird gesetzten Maßstäben und Ansprüchen gerecht;
Qualitätskontrolle

Tendenz bei Überbetonung:
Übertriebene Sicherheitskontrollen;
macht sich zu abhängig von Menschen und Vorgehensweisen, die sich „bewährt" haben;
gibt neuen Lösungsmöglichkeiten fast keinen Raum

Mögliche Reaktionen unter Druck/Streß:
Wird noch taktvoller und diplomatischer

Befürchtet:
Widerstand und Streit

Wird effektiver durch:
Mehr Flexibilität; mehr Selbständigkeit, mehr Selbstvertrauen

Gehäuft auftretende geistliche Gaben:
Dienen, Helfen, Organisation

Weitere biblische „DISG-Typen":
Esther, Johannes

Beispiel:
Segmente 2166

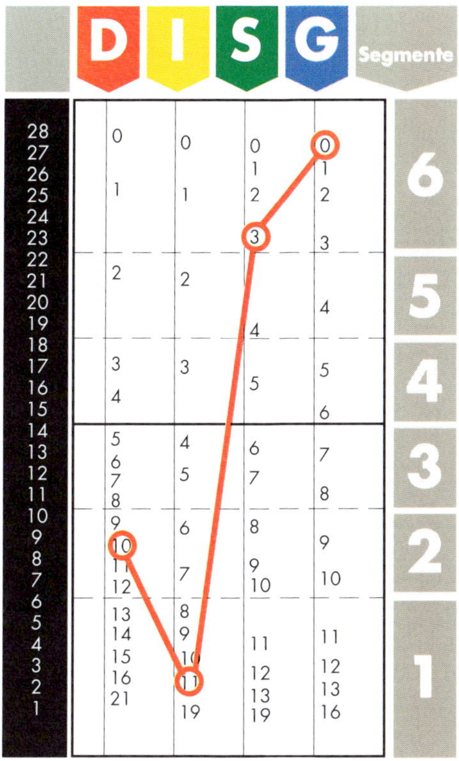

Perfektionist

Erläuterungen zum Verhaltensstil

Perfektionisten sind systematische, präzise Denker und Arbeiter, die im persönlichen und geschäftlichen Leben gerne festgelegten Vorgehensweisen folgen. Sie sind äußerst gewissenhaft und sorgfältig bei Arbeiten, die Detail und Präzision erfordern. Sie wollen genau wissen, was erwartet wird, wieviel Zeit benötigt wird und nach welchen Kriterien die Arbeit beurteilt werden soll.

Sie können verantwortungsbewußt weitreichende Entscheidungen treffen, verlieren sich aber im Entscheidungsprozeß oft in Details, so daß es häufig lange dauert, bis eine Entscheidung getroffen ist. Obwohl sie gern erst die Meinung ihrer Vorgesetzten einholen, übernehmen Perfektionisten doch das Risiko, wenn sie die Fakten genau kennen und daraus Schlüsse ziehen können.

Perfektionisten wünschen sich Bestätigung und persönliche Aufmerksamkeit. Allerdings haben sie von Kindheit an Bestätigung und Anerkennung nur für ihre Leistungen bekommen, nicht aber für ihre Person und um ihrer selbst willen. Deshalb fällt es ihnen oft schwer, echte Zuneigung und Anerkennung einfach zu akzeptieren. Als normale Reaktion auf persönliche Komplimente denken sie: „Was will der wohl von mir?" Perfektionisten müssen lernen, daß es auch Menschen gibt, die sie um ihrer selbst willen annehmen und lieben. Dadurch können sie mehr Selbstvertrauen gewinnen.

Erläuterungen zum biblischen „DISG-Typ":

Daß Moses alle typischen Eigenschaften des Perfektionisten aufwies, machte ihn zu einem idealen Vermittler von Gottes

Gesetzen. Der Perfektionist Moses gab nach Aussage der Bibel alle Gebote, die er von Gott empfangen hatte, detailgetreu dem Volk weiter (z.B. die 10 Gebote, 2. Mose 20,1-21). Bei Moses Begegnung mit Gott im brennenden Dornbusch (2. Mose 3,1-4.17) zeigt sich der vorsichtige, auf Sicherheit bedachte Charakter des Perfektionisten. Fünfmal fragt Moses nach, bevor er sich auf den Auftrag, den Gott ihm geben möchte, einläßt. Er möchte gern alle Details und Eventualitäten im voraus wissen.

Persönliche Notizen

Praktiker

Biblischer „DISG-Typ": Elia

Grundtendenz:
Ist darauf aus, an Eifer und Leistung anderen ebenbürtig oder überlegen zu sein

Zielvorstellungen:
Hohe persönliche Ambitionen und Ziele,
sachbezogen

Bewertet andere:
Aufgrund deren Selbstdisziplin,
ihrer Position und ihrer Karriere

Beeindruckt und beeinflußt andere:
Durch sein Vertrauen auf die Fähigkeit,
sein Können zu erweitern;
entwickelt Methoden

Beitrag/Wert für eine Organisation:
Talent, menschliche und technische Probleme zu lösen;
tüchtig im Spezialgebiet

Tendenz bei Überbetonung:
Hat manchmal unrealistische Ansprüche an andere;
ist oft voreingenommen von seiner „eigenen" Methode

Mögliche Reaktionen unter Druck/Streß:
Wird beherrscht und zurückhaltend;
empfindlich gegenüber Kritik

Befürchtet:
Zu berechenbar und konservativ zu sein;
als „uninteressant" eingestuft zu werden

Wird effektiver durch:
Mehr Anerkennung für andere, mehr Zusammenarbeit, Delegation wichtiger Aufgaben

Gehäuft auftretende geistliche Gaben:
Erkenntnis, Organisation

Weitere biblische „DISG-Typen“:
Debora, Jona

Beispiel:
Segmente 3446

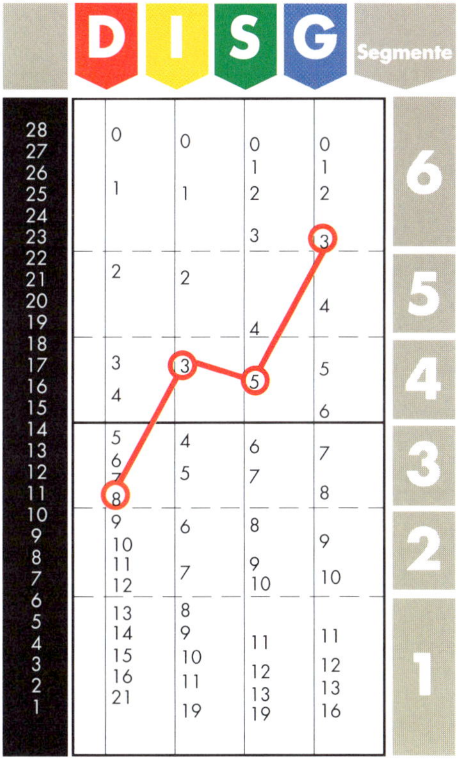

Praktiker

Erläuterungen zum Verhaltensstil

Praktiker schätzen Tüchtigkeit in Spezialgebieten. Sie treibt die Zielvorstellung, ein „Könner" zu sein. Dabei überprüfen sie sorgfältig ihre eigene Leistung. Obwohl sie sich häufig ein Spezialgebiet aussuchen, machen sie oft den Eindruck, in vielen Bereichen Bescheid zu wissen.

Im Umgang mit anderen sind Praktiker liebenswürdig und gelassen. In ihrem eigenen Bereich kann sich diese Haltung jedoch schnell ändern. Sie wollen qualitativ hochstehende Spitzenleistungen bringen. Für Qualitätsüberwachung sind sie die idealen Mitarbeiter. Sie erwarten viel von sich selbst und anderen und sprechen ihre Enttäuschung offen aus.

Praktiker verwenden viel Energie darauf, die eigenen Fähigkeiten zu verbessern. Sie müssen lernen, anderen in ihrer Entwicklung zu helfen. Außerdem müssen sie erkennen, daß auch andere Methoden als die ihren zum Ziel führen. Sie sollten andere Methoden akzeptieren. Sie müssen lernen, für geleistete Arbeit Anerkennung auszusprechen.

Erläuterungen zum biblischen „DISG-Typ":

Die Orientierung des Praktikers an hohen Maßstäben läßt sich gut am Propheten Elia zeigen: Er legt sich mit dem götzendienerischen König Ahab, der aus Nachgiebigkeit gegenüber seiner phönizischen Frau Isebel den Baalskult eingeführt hat, an, um zu erzwingen, daß der Gott Israels anerkannt wird (1. Kön. 18-19). Dabei zeigt sich ein typisches Merkmal des Praktikers: eine gewisse Voreingenommenheit von „seiner" Methode. Elia entwickelt einen Test, mit dessen Hilfe bewiesen werden soll, welche Propheten den wahren Gott repräsentieren (1. Kön. 18,20-24). Als bei der Entscheidung auf dem Berg Karmel Baal auf das Flehen seiner Diener nicht reagierte, machte sich Elia über die Baalsdiener lustig (1. Kön. 18,27).

Persönliche Notizen

Spezialist

Biblischer „DISG-Typ": Isaak

Grundtendenz:
Selbstbeherrscht, ausgeglichen; entgegenkommend

Zielvorstellungen:
Möglichst wenig Veränderungen, geordnete Umgebung

Bewertet andere:
Nach Maßstäben der Freundschaft;
dann nach ihrer Kompetenz

Beeindruckt und beeinflußt andere:
Durch seine ständige Leistung; ist entgegenkommend

Beitrag/Wert für eine Organisation:
Planer; verläßlich, beständig,
hält das Arbeitstempo

Tendenz bei Überbetonung:
Hat oft zuwenig Mut und traut sich zuwenig zu;
neigt zu einer falschen Bescheidenheit;
ist Veränderungen gegenüber zuwenig aufgeschlossen

Mögliche Reaktionen unter Druck/Streß:
Ordnet sich der Autorität unter
oder paßt sich dem Gruppendenken an

Befürchtet:
Veränderungen; Desorganisation

Wird effektiver durch:
Offenes Aussprechen eigener Ideen;
Rückmeldungen über geleistete Arbeit;
mehr Selbstvertrauen;
abgekürzte Methoden

Gehäuft auftretende geistliche Gaben:
Dienen, Helfen, Hirtendienst, Organisation

Weitere biblische „DISG-Typen":
Tabita

Beispiel:
Segmente 2354

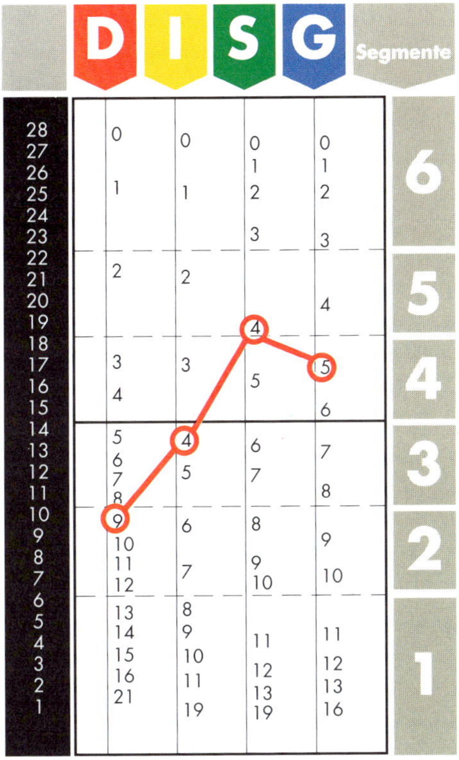

Spezialist

Erläuterungen zum Verhaltensstil

Spezialisten vertragen sich gut mit anderen. Ihre ausgewogene, beherrschte Art und Bescheidenheit ermöglichen es ihnen, mit den verschiedensten Menschen gut zusammenzuarbeiten.

Spezialisten sind rücksichtsvoll, geduldig und immer bereit, denen zu helfen, die sie als Freunde ansehen. Mit einer relativ kleinen Gruppe von Kollegen verbindet sie eine enge Freundschaft. Ihnen geht es darum, bekannte und vorhersehbare Abläufe beizubehalten. In spezialisierten Arbeitsbereichen sind sie am effektivsten. Sie planen ihre Arbeit anhand von vorgegebenen Richtlinien und erzielen bemerkenswert konstante Leistungen. Regelmäßige Anerkennung hilft, dieses Niveau beizubehalten.

Spezialisten gewöhnen sich nur schwer an Veränderungen. Rechtzeitige Ankündigung gibt ihnen Zeit, ihre Vorgehensweise umzustellen und dabei das Leistungsniveau zu erhalten.

Spezialisten brauchen gelegentlich Hilfestellungen, um ein neues Projekt zu beginnen oder um neue Methoden einzuführen, die altbekannte Prozeduren abkürzen. Bereits Erledigtes wird oft „für später" abgeheftet. Ein kleiner Tip: Einiges davon gehört in Ablage P: Papierkorb.

Erläuterungen zum biblischen „DISG-Typ":

Bei Isaak wird deutlich, daß der Spezialist mit den verschiedensten Menschen gut auskommen kann - so zum Beispiel mit den Philistern (1. Mose 26,1-11). Allerdings läßt sich an ihm auch zeigen, wie schwer es einem Spezialisten fällt, sich an Veränderungen zu gewöhnen: Obwohl Gottes Verheißung auf Jakob liegt (1. Mose 25,23), kann sich Isaak kaum damit abfinden, vom traditionellen Erstgeburtsrecht seines Sohnes Esau Abschied zu nehmen. Auch das Verhalten, das Isaak unter Druck an den Tag legt, ist typisch für den Spezialisten: Weil er Angst hat, die Leute in Gerar könnten ihn wegen seiner schönen Frau Rebekka umbringen, gibt er sie als seine Schwester aus (1. Mose 26,7). Wie die meisten Spezialisten versucht Isaak auf diese Weise, dem Konflikt aus dem Wege zu gehen.

Persönliche Notizen

Überzeuger

Biblischer „DISG-Typ“: Petrus

Grundtendenz:
Vertraut anderen; enthusiastisch

Zielvorstellungen:
Autorität und Ansehen;
eine Vielfalt von Statussymbolen

Bewertet andere:
Aufgrund ihrer Fähigkeit, sich auszudrücken
und ihrer Flexibilität

Beeindruckt und beeinflußt andere:
Durch seine Freundlichkeit, Offenheit

Beitrag/Wert für eine Organisation:
Guter Verkäufer, Vertragsabschließer;
delegiert Verantwortung;
selbstsicher und zuversichtlich

Tendenz bei Überbetonung:
Ist oft zu leicht zu begeistern;
merkt nicht, wenn er zum „Drücker“ wird und andere überredet;
denkt oft zu positiv von Menschen und Situationen

Mögliche Reaktionen unter Druck/Streß:
Wird weich und ist leicht zu überreden;
organisiert, wenn er gut dastehen will

Befürchtet:
Eine starre Umgebung; komplizierte Beziehungen

Wird effektiver durch:
Herausforderungen; abwechslungsreiche Tätigkeit; mehr Aufmerksamkeit für die Aufgabe; analytische Daten; Beherrschung der Gefühle

Gehäuft auftretende geistliche Gaben:
Evangelisation

Weitere biblische „DISG-Typen“:
Rebekka

Beispiel:
Segmente 4613

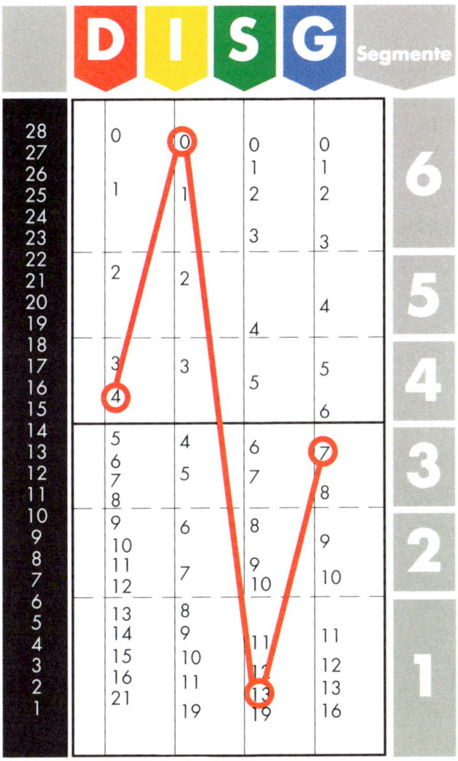

Überzeuger

Erläuterungen zum Verhaltensstil

Überzeuger arbeiten mit und durch Menschen. Auf freundliche Weise sind sie zielstrebig unterwegs. Sie interessieren sich sehr für andere und besitzen die Gabe, den Respekt und das Vertrauen unterschiedlichster Menschen für sich zu gewinnen. Diese Fähigkeit machen sich manche zunutze, um einflußreiche Positionen zu erlangen.

Überzeuger suchen nach Aufgaben, die ihnen die Gelegenheit bieten, sich selbst in ein gutes Licht zu stellen. Zusammenarbeit mit Menschen, herausfordernde Aufgaben, vielseitige Arbeit und Aktivitäten, die Beweglichkeit erfordern, sind die günstigsten Voraussetzungen für einen Überzeuger.

In ihrer Hoffnung auf gute Ergebnisse und in ihrer Einschätzung von Menschen können sie manchmal zu optimistisch sein.

Überzeuger überschätzen auch oft ihre Fähigkeit, das Verhalten anderer zu ändern.

Überzeuger wollen sich von Routine und Bevormundung befreien, sie brauchen aber andere, die ihnen zuarbeiten und sie mit Daten versorgen. Sie müssen lernen, wie wichtig oft die „Kleinigkeiten" sind, um ihre Spontaneität zu zügeln.

Erläuterungen zum biblischen „DISG-Typ":

Der Apostel Petrus legt die typischen Kennzeichen eines Überzeugers an den Tag, indem er nicht nur inspirierende Predigten hielt, sondern auch den Mut hatte, seine Zuhörer vor eine klare Entscheidung zu stellen (z.B. Apg. 2,38). So wurde er zu einem erfolgreichen Evangelisten. Petrus war ein Mann, der den direkten Kontakt zu Menschen suchte. Bei ihm läßt sich allerdings auch die große Gefahr des Überzeugers studieren: seinen manchmal überzogenen Optimismus im Blick auf sich selbst. Er, der Jesus gerade noch siegesgewiß versichert hatte: „Selbst wenn ich mit dir sterben müßte, werde ich dich nicht verleugnen" (Mt. 26,35), verleugnet ihn noch in der gleichen Nacht.

Persönliche Notizen

Vermittler

Biblischer „DISG-Typ“: Abraham

Grundtendenz:
Nimmt Zuneigung entgegen; lehnt Aggression ab

Zielvorstellungen:
Akzeptiert werden

Bewertet andere:
Aufgrund ihrer Loyalität und Treue

Beeindruckt und beeinflußt andere:
Indem er Verständnis und Freundschaft anbietet

Beitrag/Wert für eine Organisation:
Unterstützt, ist harmonisch,
hat Einfühlungsvermögen, ist dienstorientiert

Tendenz bei Überbetonung:
Übertriebene Freundlichkeit

Mögliche Reaktionen unter Druck/Streß:
Versucht zu überreden, wenn nötig mit Fakten

Befürchtet:
Meinungsverschiedenheit, Konflikte

Wird effektiver durch:
Mehr Selbstbewußtsein und Selbstvertrauen;
muß lernen, gelegentlich nein zu sagen

Gehäuft auftretende geistliche Gaben:

Helfen, Hirtendienst, Leidensbereitschaft, Organisation, Seelsorge

Weitere biblische „DISG-Typen":

Hanna (NT)

Beispiel:
Segmente Nr. 1563

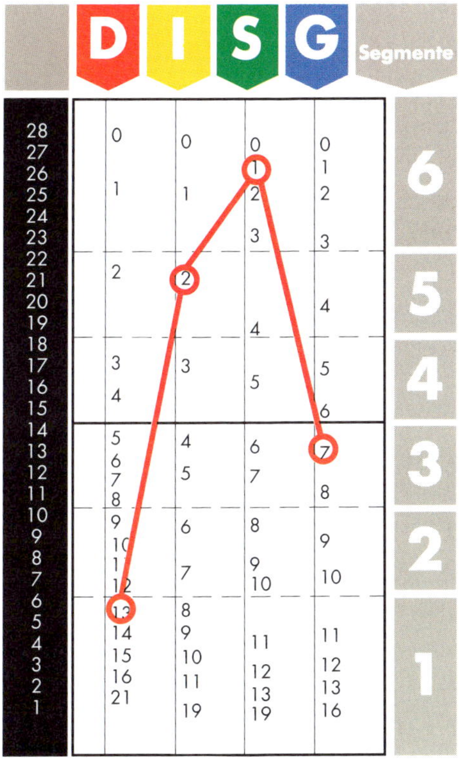

Vermittler

Erläuterungen zum Verhaltensstil

Vermittler nehmen sowohl menschliche Beziehungen als auch ihren Aufgabenbereich sehr ernst. Sie sind einfühlsam und unterstützen andere. Vermittler sind bei anderen dafür bekannt, daß sie gute Zuhörer sind. Sie können gut auf andere eingehen und geben ihnen das Gefühl, erwünscht und gebraucht zu sein.

Vermittler sind freundschaftlich und hilfsbereit. Das macht es anderen leicht, auf sie zuzugehen.

Vermittler haben ein hervorragendes Organisationstalent und können Geplantes gut umsetzen. Sie setzen sich mit viel Engagement für andere ein, gerade auch in Situationen, in denen es ihnen für sich selbst schwerfällt. Dennoch gehen sie Auseinandersetzungen am liebsten aus dem Weg. Ihre mitfühlende, unterstützende Art kann dazu führen, daß andere eine schwierige Situation eher ertragen, anstatt aktiv nach Lösungen zu suchen.

Obwohl es Vermittlern wichtig ist, sich in die Gruppe einzufügen, sind sie doch relativ selbständig und wissen, was sie wollen.

Erläuterungen zum biblischen „DISG-Typ":

Die unbedingte Loyalität als typisches Charaktermerkmal des Vermittlers wird bei Abraham unübertrefflich deutlich, als er - auch wenn es ihm schwer fiel - die Bereitschaft zeigte, seinen Sohn Isaak Gott zu opfern, um sein Vertrauen zu Gott unter Beweis zu stellen (1. Mose 22,1-19). Das Bemühen des Vermittlers, eine liebevolle, freundliche Atmosphäre zu schaffen, wird in 1. Mose 24,2-9 beschrieben.

Allerdings läßt sich bei Abraham auch die große Gefahr dieses Persönlichkeitstyps - seine Angst vor Konflikten - nachweisen: So gibt er zum Beispiel dem Vorschlag seiner Frau, die Magd Hagar möge ihm einen Sohn gebären, nach. Als es schließlich zum Konflikt zwischen der schwangeren Hagar und Abrahams Frau kommt, versucht Abraham dem Konflikt aus dem Weg zu gehen, indem er sagt: „Sie ist deine Magd. Mach mit ihr, was du willst!"
(1. Mose 16,1-6).

Persönliche Notizen

Enges Kurvenschema

Als enges Kurvenschema wird der „DISG-Typ“ bezeichnet, bei dem alle vier Punkte der Kurve im selben Segment liegen. Hauptsächlich gibt es dafür drei Gründe.

1. Der Testablauf wurde nicht verstanden.
Überprüfen Sie zunächst die Ergebnisse Ihres Auswertungsbogens und die Übertragung der Punkte in das Diagramm, um auszuschließen, daß dabei Fehler unterlaufen sind.

2. Die Person versucht, es allen Menschen recht zu machen.
So kann z.B. der Wunsch, schnelle Entscheidungen zu treffen, von der Notwendigkeit aufgewogen werden, mit und durch Menschen zu arbeiten. Es ist denkbar, daß die Person versucht, die ganze Arbeit allein zu schaffen, wobei sie gleichzeitig für hohe Qualität sorgen muß. Es kann sein, daß diese Person bei übermäßiger Aktivität gleichzeitig mit überwältigenden Frustrationsgefühlen zu kämpfen hat.

3. Manipulation
Ein enges Kurvenschema könnte auch ein Hinweis darauf sein, daß versucht wurde, das Profil zu manipulieren.

Ein enges Kurvenschema in **Diagramm I** könnte darauf hinweisen, daß die Person die Ansprüche ihrer Umwelt nicht einordnen kann. Das würde bedeuten, daß Anweisungen und Erwartungen nicht dargelegt oder nicht verstanden wurden. Diese Person braucht klare Anweisungen und Erklärungen, was von ihr erwartet wird.

Ein enges Kurvenschema in **Diagramm II** könnte darauf hinweisen, daß die Person früh im Leben gelernt hat, auf unklare Situationen mit dem Versuch zu reagieren, jedem zu gefallen. Das Ergebnis war ein Kreislauf, in dem sich Frustration und große Anstrengungen ablösten. Dieses Verhalten kann im Laufe der Jahre abgeschwächt worden sein, aber unter Druck taucht es wieder auf. Eindeutige Situationen und Abbau von Druck sind die direkten Gegenmaßnahmen. Wenn das nicht möglich ist, sollte sich die Person

Beispiel:
Segmente Nr. 4444

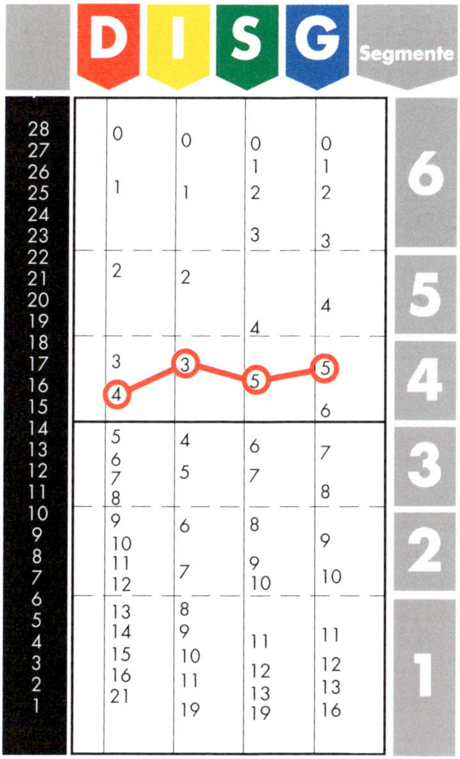

Enges Kurvenschema

ihr Verhaltensmuster (unter Druck übermäßiger Arbeitsaufwand) bewußt machen und gezielt andere Verhaltensweisen einsetzen.

Eine Möglichkeit wäre, das Verhalten eines anderen nachzuahmen, der auf Druck mit Übersicht und Gelassenheit reagiert.

Hinweis: Um festzustellen, ob das enge Kurvenschema die Folge momentaner Faktoren ist, sollten Sie in ein paar Tagen den Persönlichkeits-Test wiederholen. Sie können auch jemand anderen, der Sie gut kennt, bitten, einen Persönlichkeits-Test für Sie auszufüllen. Auf diese Weise erhalten Sie Informationen, wie eine andere Person Sie einschätzt.

Persönliche Notizen

Hohes Kurvenschema

Überprüfen Sie zunächst die Ergebnisse Ihres Auswertungsbogens und die Übertragung der Punkte in das Diagramm, um auszuschließen, daß dabei Fehler unterlaufen sind.

Als hohe Kurve wird der „DISG-Typ“ bezeichnet, bei dem alle vier Punkte über der Mittellinie (horizontale Linie bei 14) liegen.

Es ist möglich, daß diese Person eine Phase des Fragens und mangelnder Selbstannahme durchläuft. Es ist auch denkbar, daß übermäßige Forderungen übersteigerte Leistungen hervorbringen. Wenn die Arbeitsleistung dieser Person tatsächlich überdurchschnittlich ist, so ist es möglich, daß andere sie für ein „Arbeitstier" halten. Die Person fragt sich vielleicht selbst, wie lange sie dieses Tempo beibehalten kann.

Ein hohes Kurvenschema in **Diagramm I** könnte darauf hinweisen, daß die Person die Ansprüche ihrer Umwelt nicht einordnen kann. Das würde bedeuten, daß Anweisungen und Erwartungen nicht dargelegt oder nicht verstanden wurden. Diese Person braucht klare Anweisungen und Erklärungen, was von ihr erwartet wird.

Ein hohes Kurvenschema in **Diagramm II** könnte darauf hinweisen, daß die Person früh im Leben gelernt hat, auf unklare Situationen mit gesteigerter Leistung zu reagieren. Dieses Verhalten kann im Laufe der Jahre abgeschwächt worden sein, aber unter Druck taucht es wieder auf. Eindeutige Situationen und Abbau von Druck sind die direkten Gegenmaßnahmen. Wenn das nicht möglich ist, sollte sich die Person ihr Verhaltensmuster (unter Druck übermäßiger Arbeitsaufwand) bewußt machen und gezielt andere Verhaltensweisen einsetzen.

Eine Möglichkeit wäre, das Verhalten eines anderen nachzuahmen, der auf Druck mit Übersicht und Gelassenheit reagiert.

Beispiel:
Segmente 6555

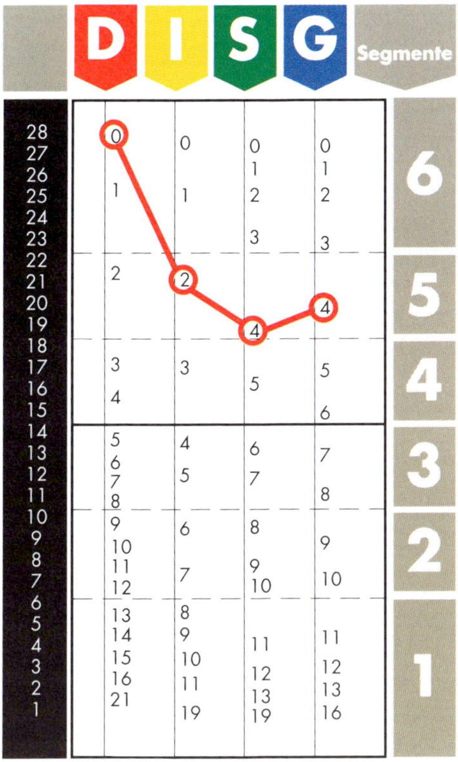

Hohes Kurvenschema

Hinweis: Um festzustellen, ob das hohe Kurvenschema die Folge momentaner Faktoren ist, sollten Sie in ein paar Tagen den Persönlichkeits-Test wiederholen. Sie können auch jemand anderen, der Sie gut kennt, bitten, einen Persönlichkeits-Test für Sie auszufüllen. Auf diese Weise erhalten Sie Informationen, wie eine andere Person Sie einschätzt.

Persönliche Notizen

Niedriges Kurvenschema

Überprüfen Sie zunächst die Ergebnisse Ihres Auswertungsbogens und die Übertragung der Punkte in das Diagramm, um auszuschließen, daß dabei Fehler unterlaufen sind.

Als niedrige Kurve wird der „DISG-Typ" bezeichnet, bei dem alle vier Punkte unter der Mittellinie (horizontale Linie bei 14) liegen.

Diese Person lebt vielleicht in einer Zeit der Mutlosigkeit und mangelnden Selbstannahme. Das Gefühl, nur schwache Leistungen zu bringen, oder eine tatsächliche Abnahme der Arbeitsleistung können zusätzliche Faktoren sein. Es ist auch möglich, daß diese Person durchaus normale Leistungen bringt, aber von vielen Seiten kritisiert wird. Dadurch können Selbstzweifel entstanden sein.

Ein niedriges Kurvenschema in **Diagramm I** könnte darauf hinweisen, daß die Person die Ansprüche ihrer Umwelt nicht einordnen kann. Das würde bedeuten, daß Anweisungen und Erwartungen nicht dargelegt oder nicht verstanden wurden. Diese Person braucht klare Anweisungen und Erklärungen, was von ihr erwartet wird.

Ein niedriges Kurvenschema in **Diagramm II** könnte darauf hinweisen, daß die Person früh im Leben gelernt hat, auf unklare Situationen entmutigt zu reagieren. Dieses Verhalten kann im Laufe der Jahre abgeschwächt worden sein, aber unter Druck taucht es wieder auf. Eindeutige Situationen und Abbau von Druck sind die direkten Gegenmaßnahmen. Wenn das nicht möglich ist, sollte sich die Person ihr Verhaltensmuster (unter Druck übermäßiger Arbeitsaufwand) bewußt machen und gezielt andere Verhaltensweisen einsetzen.

Eine Möglichkeit wäre, das Verhalten eines anderen nachzuahmen, der auf Druck mit Übersicht und Gelassenheit reagiert.

Beispiel:
Segmente 3323

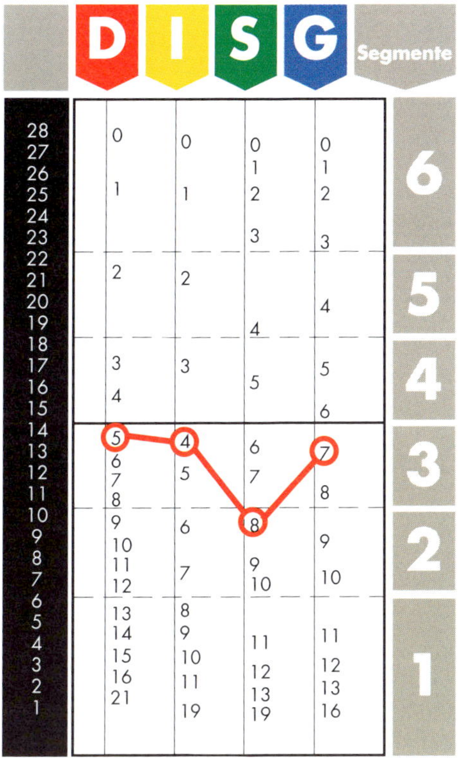

Niedriges Kurvenschema

Hinweis: Um festzustellen, ob das niedrige Kurvenschema die Folge momentaner Faktoren ist, sollten Sie in ein paar Tagen den Persönlichkeits-Test wiederholen. Sie können auch jemand anderen, der Sie gut kennt, bitten, einen Persönlichkeits-Test für Sie auszufüllen. Auf diese Weise erhalten Sie Informationen, wie eine andere Person Sie einschätzt.

Persönliche Notizen

Interpretationsstufe III

In diesem Schritt erfahren Sie Tendenzen, die mit großer Wahrscheinlichkeit bei Ihnen vorhanden sind. Gehen Sie dabei wie im Beispiel: auf Seite 135 gezeigt vor:

1. Ziehen Sie eine waagerechte Gerade von dem von Ihnen markierten Punkt in Spalte **D** (Anlage D, Diagramm II) zu der Zahl auf dem Balken am linken Rand (siehe Beispiel: Seite 135).

2. Verfahren Sie ebenso mit den Spalten **I**, **S** und **G.** Wenn der von Ihnen markierte Punkt zwischen zwei Zahlen liegt, gilt die höhere Zahl.

3. Machen Sie jeweils einen Kreis in der entsprechenden Spalte um die Zahl, die Sie ermittelt haben (Seite 136/137).

4. Streichen Sie nun auch die drei Begriffe oberhalb und unterhalb der Kennzeichnung mit einem „Marker" an. Dieses Wortfeld beschreibt Ihre Tendenzen im jeweiligen Bereich.

5. Individualisieren Sie Ihre Interpretation:

- verwenden Sie ein **!**,
  um Zustimmung auszudrücken
- verwenden Sie ein ϟ,
  um Ablehnung auszudrücken
- verwenden Sie ein **?**,
  um Zweifel auszudrücken

Beispiel:

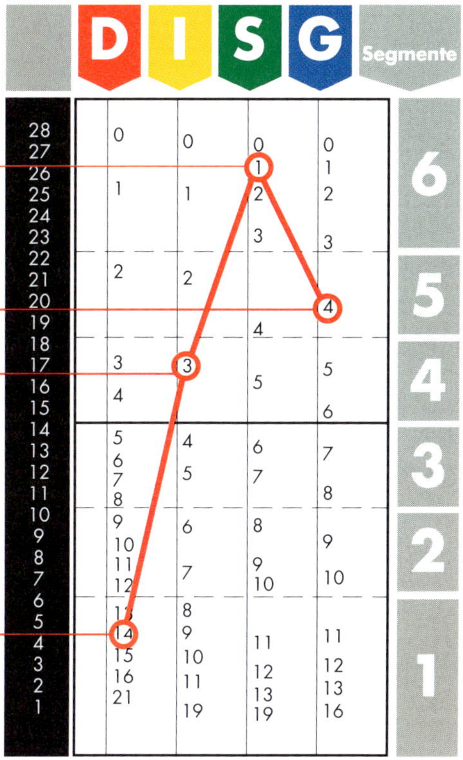

14	3	1	4	Werte der Kurve
5	17	27	20	Werte Spalte links

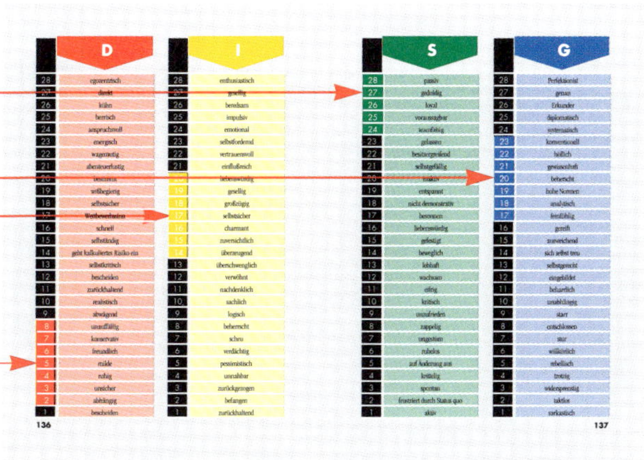

	D		I
28	egozentrisch	28	enthusiastisch
27	direkt	27	gesellig
26	kühn	26	beredsam
25	herrisch	25	impulsiv
24	anspruchsvoll	24	emotional
23	energisch	23	selbstfordernd
22	wagemutig	22	vertrauensvoll
21	abenteuerlustig	21	einflußreich
20	bestimmt	20	liebenswürdig
19	wißbegierig	19	gesellig
18	selbstsicher	18	großzügig
17	wettbewerbsorientiert	17	selbstsicher
16	schnell	16	charmant
15	selbständig	15	zuversichtlich
14	geht kalkulierbares Risiko ein	14	überzeugend
13	selbstkritisch	13	überschwenglich
12	bescheiden	12	verwöhnt
11	zurückhaltend	11	nachdenklich
10	realistisch	10	sachlich
9	abwägend	9	logisch
8	unauffällig	8	beherrscht
7	konservativ	7	scheu
6	freundlich	6	verdachterregend
5	milde	5	pessimistisch
4	ruhig	4	unnahbar
3	unsicher	3	zurückgezogen
2	abhängig	2	befangen
1	anspruchslos	1	zurückhaltend

	S		G
28	passiv	28	Perfektionist
27	geduldig	27	genau
26	loyal	26	Erkunder
25	voraussagbar	25	diplomatisch
24	teamfähig	24	systematisch
23	gelassen	23	konventionell
22	besitzergreifend	22	höflich
21	selbstgefällig	21	gewissenhaft
20	inaktiv	20	beherrscht
19	entspannt	19	wünscht hohe Standards
18	nicht demonstrativ	18	analytisch
17	besonnen	17	feinfühlig
16	liebenswürdig	16	gereift
15	gefestigt	15	ausweichend
14	beweglich	14	sich selbst treu
13	lebhaft	13	selbstgerecht
12	wachsam	12	eingebildet
11	eifrig	11	beharrlich
10	kritisch	10	unabhängig
9	unzufrieden	9	starr
8	zappelig	8	entschlossen
7	ungestüm	7	stur
6	ruhelos	6	willkürlich
5	auf Änderung aus	5	rebellisch
4	krittelig (kleinlich)	4	trotzig
3	spontan	3	widerspenstig
2	frustriert durch Status quo	2	taktlos
1	aktiv	1	sarkastisch

Anlage A:

Wissenschaftliche Hintergründe

Der Kaplan-Report

Exzerpt aus dem Englischen: Martin Breiter

Das DISG-Persönlichkeits-Profil ist ein seit 1972 weitverbreitetes Instrument zur Messung unterschiedlicher Eigenschaftsbündel und Verhaltenstendenzen. Deshalb wurde aus professionellen wie auch aus ethischen Gründen eine Untersuchung notwendig, deren Ziel es war, festzustellen, ob das DISG-Persönlichkeits-Profil Validität besitzt. Diese Untersuchung wurde unter der Leitung von Ph. D. Sylvian J. Kaplan – Psychologe im klinischen Bereich –, durchgeführt. Die Ergebnisse wurden 1983 im Kaplan-Bericht veröffentlicht.
Die Validität des DISG-Persönlichkeits-Profils wurde an folgenden wissenschaftlich anerkannten Persönlichkeitstests untersucht:

- Wechsler Adult Intelligent Scale (WAIS),
- Myers-Briggs Type Indicator (MBTI),
- Chattell 16 Personality Factor Questionnaire (16PF),
- Minnesota Multiphasic Personality Inventory (MMPI),
- Strong Campell Interest Inventory (SCII).

Alle diese Tests besitzen eine Vorhersage-Validität und/oder Konstrukt-Validität. Da diese beiden Begriffe grundlegend für die Untersuchung sind, werden sie nachfolgend näher erläutert:

• *Vorhersage-Validität:*
Ein Test besitzt dann Vorhersage-Validität, wenn er der Testperson Daten entlockt, die eine Vorhersage auf das zukünftige Verhalten der Person zulassen.

• *Konstrukt-Validität:*
Ein Test besitzt dann Konstrukt-Validität, wenn er der Testperson Daten entlockt, die anzeigen, daß gewisse psychologische Aussagen, Fragen und Feststellungen in einem Test mit theoretisch erdachten Eigenschaften der Persönlichkeit korrelieren.

Die von Kaplan durchgeführte Untersuchung stützt sich auf folgende Hypothese:
Wenn der Großteil der theoretisch festgestellten vier Dimensionen des Profils („Dominant", „Initiativ", „Stetig" und „Gewissenhaft") mit den validen Variablen der zuvor erwähnten Tests korreliert, dann ist der Beweis erbracht, daß für das DISG-Persönlichkeits-Profil bezüglich dieser Tests Konstrukt-Validität besteht. Es mußten also die angesprochenen Tests sowie das DISG-Persönlichkeits-Profil von den gleichen Testpersonen bearbeitet werden, um festzustellen, welche Variablen der Validierungsinstrumente mit welchen Dimensionen des DISG-Persönlichkeits-Profils signifikant korrelieren.

Die Validierungsstudie Kaplans wurde mit 103 Erwachsenen durchgeführt, deren Alter zwischen 17 und 73 lag. Hiervon befanden sich 57 Personen bei S. J. Kaplan in psychotherapeutischer Behandlung. Die restlichen 46 Personen wurden in keiner Art und Weise psychotherapeutisch betreut. Von den 103 Testpersonen waren 53 männlich und 50 weiblich. Alle Testpersonen (Probanden) hatten eine durchschnittliche Intelligenz und keine sichtbaren psychopathologischen Anzeichen.

Zusammenfassung der Ergebnisse des Kaplan-Berichts

Das Ziel des Kaplan-Berichts wurde erreicht. Das DISG-Persönlichkeits-Profil korreliert signifikant mit allen Persönlichkeits-Einschätzungsinstrumenten, die in dieser Validierungsstudie verwendet wurden. Die Untersuchungen Kaplans zur Validität des DISG-Persönlichkeits-Profils haben gezeigt, daß das DISG-Persönlichkeits-Profil über die Zufallserwartung hinaus mit dem 16PF, MBTI, WAIS, SCII und dem MMPI korreliert. Jeder dieser Tests ist so konstruiert, daß er verschiedene Persönlichkeitsmerkmale erkennt und deshalb jedem Nutzer unterschiedliche und bestätigende Erkenntnisse über sich und andere bietet.

Nach der Studie Kaplans läßt sich folgendes feststellen:
Das DISG-Persönlichkeits-Profil ist ein Persönlichkeits-Einschätzungsinstrument, das viele Anhaltspunkte dafür aufzeigt, daß es Konstrukt-Validität besitzt. Dieses Ergebnis bietet dem Benutzer des DISG-Persönlichkeits-Profils einige Vorteile:

- Die Durchführung des DISG-Persönlichkeits-Profils erfordert wenig Zeit; zuverlässige Daten über die eigene Persönlichkeit können in weniger als einer halben Stunde gewonnen werden.
- Das DISG-Persönlichkeits-Profil beschreibt mit leicht verständlichen Begriffen die individuelle Persönlichkeit.
- Das DISG-Persönlichkeits-Profil ermöglicht eine schnelle Ergebnisermittlung durch die Testperson; es ist selbstauswertend, so daß der Nutzer innerhalb kurzer Zeit das zahlenmäßige und visuelle Ergebnis seiner Persönlichkeitsstruktur erhält. Dies ermöglicht ein schnelles Erfassen der - im Anschluß an den Test erfolgenden - individuellen Interpretationen.
- Das DISG-Persönlichkeits-Profil läßt sich leicht bei einer größeren Anzahl von Menschen durchführen; es ist daher für Firmen, Seminare und Workshops geeignet. Es kann mit hundert Personen nahezu genauso schnell durchgeführt werden wie mit einer Person.
- Das DISG-Persönlichkeits-Profil versursacht geringe Kosten; es kostet zum Teil nur 10 % des Einzelhandelspreises anderer auf dem Markt befindlicher Tests.

Bei all diesen Vorteilen ist jedoch festzuhalten, daß das DISG-Persönlichkeits-Profil die individuelle Persönlichkeit nicht umfassend und in allen Einzelheiten beschreiben kann. Diese Komplexität der Erkenntnis kann kein psychologisches Instrument für sich alleine leisten. Kaplan ist der Überzeugung, daß eine Zusammenstellung verschiedener Tests weit mehr über ein Individuum zum Vorschein bringt als dies ein einzelner Test könnte. Abschließend ist festzustellen, daß der Nutzer des DISG-Persönlichkeits-Profils eine besonders gute Möglichkeit erhält, ein schnelles Darstellungsinstrument einzusetzen, dessen Ergebnisse „nicht bedrohlich" für die betreffende Person sind. Vielmehr bringt das DISG-Persönlichkeits-Profil schnell eindeutige Vorteile hinsichtlich Behandlungs-, Beratungs- oder Ausbildungszwecken. Es ist also offensichtlich, daß das DISG-Persönlichkeits-Profil für den persönlichen Bereich sehr nützlich ist. Es ist ein hervorragendes „Managerwerkzeug", hilfreich bei der Teambildung, Auswahl und dem Einsatz von Mitarbeitern sowie bei der Karriereberatung. Außerdem unterstützt es die Lösung interpersoneller Konflikte.

Anlage B
Segmentzahlen

Zu Interpretationsstufe II (vergleiche Seite 60)

11
1111 - eng
1112 - niedrig
1113 - niedrig
1114 - objektiver Denker
1115 - objektiver Denker
1116 - objektiver Denker
1121 - niedrig
1122 - niedrig
1123 - niedrig
1124 - objektiver Denker
1125 - objektiver Denker
1126 - objektiver Denker
1131 - niedrig
1132 - niedrig
1133 - niedrig
1134 - objektiver Denker
1135 - objektiver Denker
1136 - objektiver Denker
1141 - Spezialist
1142 - Spezialist
1143 - Spezialist
1144 - objektiver Denker
1145 - objektiver Denker
1146 - objektiver Denker
1151 - Spezialist
1152 - Spezialist
1153 - Spezialist
1154 - Spezialist
1155 - objektiver Denker
1156 - objektiver Denker
1161 - Spezialist
1162 - Spezialist
1163 - Spezialist
1164 - Spezialist
1165 - Spezialist
1166 - objektiver Denker

12
1211 - niedrig
1212 - niedrig
1213 - niedrig
1214 - objektiver Denker
1215 - objektiver Denker
1216 - objektiver Denker
1221 - niedrig
1222 - niedrig
1223 - niedrig
1224 - objektiver Denker
1225 - objektiver Denker
1226 - objektiver Denker
1231 - niedrig
1232 - niedrig
1233 - niedrig
1234 - objektiver Denker
1235 - objektiver Denker
1236 - objektiver Denker
1241 - Spezialist
1242 - Spezialist
1243 - Spezialist
1244 - objektiver Denker
1245 - objektiver Denker
1246 - objektiver Denker
1251 - Spezialist
1252 - Spezialist
1253 - Spezialist
1254 - Spezialist
1255 - objektiver Denker
1256 - objektiver Denker
1261 - Spezialist
1262 - Spezialist
1263 - Spezialist
1264 - Spezialist
1265 - Spezialist
1266 - objektiver Denker

13
1311 - niedrig
1312 - niedrig
1313 - niedrig
1314 - objektiver Denker
1315 - objektiver Denker
1316 - objektiver Denker
1321 - niedrig
1322 - niedrig
1323 - niedrig
1324 - objektiver Denker
1325 - objektiver Denker
1326 - objektiver Denker
1331 - niedrig
1332 - niedrig
1333 - niedrig
1334 - objektiver Denker
1335 - objektiver Denker
1336 - objektiver Denker
1341 - Spezialist
1342 - Spezialist
1343 - Spezialist
1344 - objektiver Denker
1345 - objektiver Denker
1346 - objektiver Denker
1351 - Spezialist
1352 - Spezialist
1353 - Spezialist
1354 - Spezialist
1355 - objektiver Denker
1356 - objektiver Denker
1361 - Spezialist
1362 - Spezialist
1363 - Spezialist
1364 - Spezialist
1365 - Spezialist
1366 - objektiver Denker

14
1411 - Förderer
1412 - Förderer
1413 - Förderer
1414 - Kalkulierer
1415 - Kalkulierer
1416 - Kalkulierer
1421 - Förderer
1422 - Förderer
1423 - Förderer
1424 - Kalkulierer
1425 - Kalkulierer
1426 - Kalkulierer
1431 - Ermutiger
1432 - Ermutiger
1433 - Ermutiger
1434 - Kalkulierer
1435 - Kalkulierer
1436 - Kalkulierer
1441 - Ermutiger
1442 - Ermutiger
1443 - Ermutiger
1444 - Praktiker
1445 - Praktiker
1446 - Praktiker
1451 - Vermittler
1452 - Vermittler
1453 - Vermittler
1454 - Vermittler
1455 - Praktiker

1456 - Praktiker
1461 - Vermittler
1462 - Vermittler
1463 - Vermittler
1464 - Vermittler
1465 - Vermittler
1466 - Praktiker

15

1511 - Förderer
1512 - Förderer
1513 - Förderer
1514 - Kalkulierer
1515 - Kalkulierer
1516 - Kalkulierer
1521 - Förderer
1522 - Förderer
1523 - Förderer
1524 - Kalkulierer
1525 - Kalkulierer
1526 - Kalkulierer
1531 - Förderer
1532 - Förderer
1533 - Förderer
1534 - Kalkulierer
1535 - Kalkulierer
1536 - Kalkulierer
1541 - Ermutiger
1542 - Ermutiger
1543 - Ermutiger
1544 - Ermutiger
1545 - Kalkulierer
1546 - Kalkulierer
1551 - Ermutiger
1552 - Ermutiger
1553 - Ermutiger
1554 - Ermutiger
1555 - Praktiker
1556 - Praktiker
1561 - Vermittler
1562 - Vermittler
1563 - Vermittler
1564 - Vermittler
1565 - Vermittler
1566 - Praktiker

16

1611 - Förderer
1612 - Förderer
1613 - Förderer
1614 - Kalkulierer
1615 - Kalkulierer
1616 - Kalkulierer
1621 - Förderer
1622 - Förderer
1623 - Förderer
1624 - Kalkulierer
1625 - Kalkulierer
1626 - Kalkulierer
1631 - Förderer
1632 - Förderer
1633 - Förderer
1634 - Kalkulierer
1635 - Kalkulierer
1636 - Kalkulierer
1641 - Ermutiger
1642 - Ermutiger
1643 - Ermutiger
1644 - Ermutiger
1645 - Kalkulierer
1646 - Kalkulierer
1651 - Ermutiger
1652 - Ermutiger
1653 - Ermutiger
1654 - Ermutiger
1655 - Ermutiger
1656 - Kalkulierer
1661 - Ermutiger
1662 - Ermutiger
1663 - Ermutiger
1664 - Ermutiger
1665 - Ermutiger
1666 - Praktiker

21

2111 - niedrig
2112 - niedrig
2113 - niedrig
2114 - Perfektionist
2115 - Perfektionist
2116 - Perfektionist
2121 - niedrig
2122 - niedrig
2123 - niedrig
2124 - Perfektionist
2125 - Perfektionist
2126 - Perfektionist
2131 - niedrig
2132 - niedrig
2133 - niedrig
2134 - Perfektionist
2135 - Perfektionist
2136 - Perfektionist
2141 - Forscher
2142 - Forscher
2143 - Forscher
2144 - Perfektionist
2145 - Perfektionist
2146 - Perfektionist
2151 - Forscher
2152 - Forscher
2153 - Forscher
2154 - Forscher
2155 - Perfektionist
2156 - Perfektionist
2161 - Forscher
2162 - Forscher
2163 - Forscher
2164 - Forscher
2165 - Forscher
2166 - Perfektionist

22

2211 - niedrig
2212 - niedrig
2213 - niedrig
2214 - Perfektionist
2215 - Perfektionist
2216 - Perfektionist
2221 - niedrig
2222 - eng
2223 - niedrig
2224 - objektiver Denker
2225 - objektiver Denker
2226 - objektiver Denker
2231 - niedrig
2232 - niedrig
2233 - niedrig
2234 - objektiver Denker
2235 - objektiver Denker
2236 - objektiver Denker
2241 - Spezialist

2242 - Spezialist
2243 - Spezialist
2244 - objektiver Denker
2245 - objektiver Denker
2246 - objektiver Denker
2251 - Spezialist
2252 - Spezialist
2253 - Spezialist
2254 - Spezialist
2255 - objektiver Denker
2256 - objektiver Denker
2261 - Spezialist
2262 - Spezialist
2263 - Spezialist
2264 - Spezialist
2265 - Spezialist
2266 - objektiver Denker

23

2311 - niedrig
2312 - niedrig
2313 - niedrig
2314 - objektiver Denker
2315 - objektiver Denker
2316 - objektiver Denker
2321 - niedrig
2322 - niedrig
2323 - niedrig
2324 - objektiver Denker
2325 - objektiver Denker
2326 - objektiver Denker
2331 - niedrig
2332 - niedrig
2333 - niedrig
2334 - objektiver Denker
2335 - objektiver Denker
2336 - objektiver Denker
2341 - Spezialist
2342 - Spezialist
2343 - Spezialist
2344 - Spezialist
2345 - objektiver Denker
2346 - objektiver Denker
2351 - Spezialist
2352 - Spezialist
2353 - Spezialist
2354 - Spezialist
2355 - Spezialist
2356 - objektiver Denker
2361 - Spezialist
2362 - Spezialist
2363 - Spezialist
2364 - Spezialist
2365 - Spezialist
2366 - objektiver Denker

24

2411 - Förderer
2412 - Förderer
2413 - Förderer
2414 - Kalkulierer
2415 - Kalkulierer
2416 - Kalkulierer
2421 - Förderer
2422 - Förderer
2423 - Förderer
2424 - Kalkulierer
2425 - Kalkulierer
2426 - Kalkulierer
2431 - Ermutiger
2432 - Ermutiger
2433 - Ermutiger
2434 - Kalkulierer
2435 - Kalkulierer
2436 - Kalkulierer
2441 - Ermutiger
2442 - Ermutiger
2443 - Ermutiger
2444 - Praktiker
2445 - Praktiker
2446 - Praktiker
2451 - Vermittler
2452 - Vermittler
2453 - Vermittler
2454 - Vermittler
2455 - Praktiker
2456 - Praktiker
2461 - Vermittler
2462 - Vermittler
2463 - Vermittler
2464 - Vermittler
2465 - Vermittler
2466 - Praktiker

25

2511 - Förderer
2512 - Förderer
2513 - Förderer
2514 - Kalkulierer
2515 - Kalkulierer
2516 - Kalkulierer
2521 - Förderer
2522 - Förderer
2523 - Förderer
2524 - Kalkulierer
2525 - Kalkulierer
2526 - Kalkulierer
2531 - Förderer
2532 - Förderer
2533 - Förderer
2534 - Kalkulierer
2535 - Kalkulierer
2536 - Kalkulierer
2541 - Ermutiger
2542 - Ermutiger
2543 - Ermutiger
2544 - Ermutiger
2545 - Kalkulierer
2546 - Kalkulierer
2551 - Ermutiger
2552 - Ermutiger
2553 - Ermutiger
2554 - Ermutiger
2555 - Praktiker
2556 - Praktiker
2561 - Vermittler
2562 - Vermittler
2563 - Vermittler
2564 - Vermittler
2565 - Vermittler
2566 - Praktiker

26

2611 - Förderer
2612 - Förderer
2613 - Förderer
2614 - Kalkulierer
2615 - Kalkulierer
2616 - Kalkulierer
2621 - Förderer
2622 - Förderer
2623 - Förderer

2624 - Kalkulierer
2625 - Kalkulierer
2626 - Kalkulierer
2631 - Förderer
2632 - Förderer
2633 - Förderer
2634 - Kalkulierer
2635 - Kalkulierer
2636 - Kalkulierer
2641 - Ermutiger
2642 - Ermutiger
2643 - Ermutiger
2644 - Ermutiger
2645 - Kalkulierer
2646 - Kalkulierer
2651 - Ermutiger
2652 - Ermutiger
2653 - Ermutiger
2654 - Ermutiger
2655 - Ermutiger
2656 - Kalkulierer
2661 - Ermutiger
2662 - Ermutiger
2663 - Ermutiger
2664 - Ermutiger
2665 - Ermutiger
2666 - Praktiker

31

3111 - niedrig
3112 - niedrig
3113 - niedrig
3114 - Perfektionist
3115 - Perfektionist
3116 - Perfektionist
3121 - niedrig
3122 - niedrig
3123 - niedrig
3124 - Perfektionist
3125 - Perfektionist
3126 - Perfektionist
3131 - niedrig
3132 - niedrig
3133 - niedrig
3134 - Perfektionist
3135 - Perfektionist
3136 - Perfektionist
3141 - Forscher
3142 - Forscher
3143 - Forscher
3144 - Perfektionist
3145 - Perfektionist
3146 - Perfektionist
3151 - Forscher
3152 - Forscher
3153 - Forscher
3154 - Forscher
3155 - Perfektionist
3156 - Perfektionist
3161 - Forscher
3162 - Forscher
3163 - Forscher
3164 - Forscher
3165 - Forscher
3166 - Perfektionist

32

3211 - niedrig
3212 - niedrig
3213 - niedrig
3214 - Perfektionist
3215 - Perfektionist
3216 - Perfektionist
3221 - niedrig
3222 - niedrig
3223 - niedrig
3224 - Perfektionist
3225 - Perfektionist
3226 - Perfektionist
3231 - niedrig
3232 - niedrig
3233 - niedrig
3234 - Perfektionist
3235 - Perfektionist
3236 - Perfektionist
3241 - Forscher
3242 - Forscher
3243 - Forscher
3244 - Perfektionist
3245 - Perfektionist
3246 - Perfektionist
3251 - Forscher
3252 - Forscher
3253 - Forscher
3254 - Forscher
3255 - Perfektionist
3256 - Perfektionist
3261 - Forscher
3262 - Forscher
3263 - Forscher
3264 - Forscher
3265 - Forscher
3266 - Perfektionist

33

3311 - niedrig
3312 - niedrig
3313 - niedrig
3314 - Perfektionist
3315 - Perfektionist
3316 - Perfektionist
3321 - niedrig
3322 - niedrig
3323 - niedrig
3324 - Perfektionist
3325 - Perfektionist
3326 - Perfektionist
3331 - niedrig
3332 - niedrig
3333 - eng
3334 - objektiver Denker
3335 - objektiver Denker
3336 - objektiver Denker
3341 - Spezialist
3342 - Spezialist
3343 - Spezialist
3344 - objektiver Denker
3345 - objektiver Denker
3346 - objektiver Denker
3351 - Spezialist
3352 - Spezialist
3353 - Spezialist
3354 - objektiver Denker
3355 - objektiver Denker
3356 - objektiver Denker
3361 - Spezialist
3362 - Spezialist
3363 - Spezialist
3364 - Spezialist
3365 - Spezialist
3366 - objektiver Denker

34

3411 - Förderer
3412 - Förderer
3413 - Förderer
3414 - Kalkulierer
3415 - Kalkulierer
3416 - Kalkulierer
3421 - Förderer
3422 - Förderer
3423 - Förderer
3424 - Kalkulierer
3425 - Kalkulierer
3426 - Kalkulierer
3431 - Förderer
3432 - Förderer
3433 - Förderer
3434 - Kalkulierer
3435 - Kalkulierer
3436 - Kalkulierer
3441 - Ermutiger
3442 - Ermutiger
3443 - Ermutiger
3444 - Praktiker
3445 - Praktiker
3446 - Praktiker
3451 - Vermittler
3452 - Vermittler
3453 - Vermittler
3454 - Vermittler
3455 - Praktiker
3456 - Praktiker
3461 - Vermittler
3462 - Vermittler
3463 - Vermittler
3464 - Vermittler
3465 - Vermittler
3466 - Praktiker

35

3511 - Förderer
3512 - Förderer
3513 - Förderer
3514 - Kalkulierer
3515 - Kalkulierer
3516 - Kalkulierer
3521 - Förderer
3522 - Förderer
3523 - Förderer
3524 - Kalkulierer
3525 - Kalkulierer
3526 - Kalkulierer
3531 - Förderer
3532 - Förderer
3533 - Förderer
3534 - Kalkulierer
3535 - Kalkulierer
3536 - Kalkulierer
3541 - Ermutiger
3542 - Ermutiger
3543 - Ermutiger
3544 - Ermutiger
3545 - Kalkulierer
3546 - Kalkulierer
3551 - Ermutiger
3552 - Ermutiger
3553 - Ermutiger
3554 - Ermutiger
3555 - Praktiker
3556 - Praktiker
3561 - Vermittler
3562 - Vermittler
3563 - Vermittler
3564 - Vermittler
3565 - Vermittler
3566 - Praktiker

36

3611 - Förderer
3612 - Förderer
3613 - Förderer
3614 - Kalkulierer
3615 - Kalkulierer
3616 - Kalkulierer
3621 - Förderer
3622 - Förderer
3623 - Förderer
3624 - Kalkulierer
3625 - Kalkulierer
3626 - Kalkulierer
3631 - Förderer
3632 - Förderer
3633 - Förderer
3634 - Kalkulierer
3635 - Kalkulierer
3636 - Kalkulierer
3641 - Ermutiger
3642 - Ermutiger
3643 - Ermutiger
3644 - Ermutiger
3645 - Kalkulierer
3646 - Kalkulierer
3651 - Ermutiger
3652 - Ermutiger
3653 - Ermutiger
3654 - Ermutiger
3655 - Ermutiger
3656 - Kalkulierer
3661 - Ermutiger
3662 - Ermutiger
3663 - Ermutiger
3664 - Ermutiger
3665 - Ermutiger
3666 - Praktiker

41

4111 - Entwickler
4112 - Entwickler
4113 - Entwickler
4114 - Eroberer
4115 - Eroberer
4116 - Eroberer
4121 - Entwickler
4122 - Entwickler
4123 - Entwickler
4124 - Eroberer
4125 - Eroberer
4126 - Eroberer
4131 - Entwickler
4132 - Entwickler
4133 - Entwickler
4134 - Eroberer
4135 - Eroberer
4136 - Eroberer
4141 - Leistungsmensch
4142 - Leistungsmensch
4143 - Leistungsmensch
4144 - Leistungsmensch
4145 - Leistungsmensch
4146 - Eroberer
4151 - Leistungsmensch
4152 - Leistungsmensch
4153 - Leistungsmensch
4154 - Leistungsmensch
4155 - Perfektionist

4156 - Perfektionist
4161 - Leistungsmensch
4162 - Leistungsmensch
4163 - Leistungsmensch
4164 - Leistungsmensch
4165 - Leistungsmensch
4166 - Perfektionist

42

4211 - Entwickler
4212 - Entwickler
4213 - Entwickler
4214 - Eroberer
4215 - Eroberer
4216 - Eroberer
4221 - Entwickler
4222 - Entwickler
4223 - Entwickler
4224 - Eroberer
4225 - Eroberer
4226 - Eroberer
4231 - Entwickler
4232 - Entwickler
4233 - Entwickler
4234 - Eroberer
4235 - Eroberer
4236 - Eroberer
4241 - Leistungsmensch
4242 - Leistungsmensch
4243 - Leistungsmensch
4244 - Eroberer
4245 - Eroberer
4246 - Eroberer
4251 - Leistungsmensch
4252 - Leistungsmensch
4253 - Leistungsmensch
4254 - Leistungsmensch
4255 - Perfektionist
4256 - Perfektionist
4261 - Leistungsmensch
4262 - Leistungsmensch
4263 - Leistungsmensch
4264 - Leistungsmensch
4265 - Leistungsmensch
4266 - Perfektionist

43

4311 - Entwickler
4312 - Entwickler
4313 - Entwickler
4314 - Eroberer
4315 - Eroberer
4316 - Eroberer
4321 - Entwickler
4322 - Entwickler
4323 - Entwickler
4324 - Eroberer
4325 - Eroberer
4326 - Eroberer
4331 - Entwickler
4332 - Entwickler
4333 - Entwickler
4334 - Eroberer
4335 - Eroberer
4336 - Eroberer
4341 - Leistungsmensch
4342 - Leistungsmensch
4343 - Leistungsmensch
4344 - Leistungsmensch
4345 - Perfektionist
4346 - Perfektionist
4351 - Leistungsmensch
4352 - Leistungsmensch
4353 - Leistungsmensch
4354 - Leistungsmensch
4355 - Perfektionist
4356 - Perfektionist
4361 - Leistungsmensch
4362 - Leistungsmensch
4363 - Leistungsmensch
4364 - Leistungsmensch
4365 - Leistungsmensch
4366 - Perfektionist

44

4411 - Motivator
4412 - Motivator
4413 - Motivator
4414 - Kalkulierer
4415 - Kalkulierer
4416 - Kalkulierer
4421 - Motivator
4422 - Motivator
4423 - Eroberer
4424 - Kalkulierer
4425 - Kalkulierer
4426 - Kalkulierer
4431 - Motivator
4432 - Motivator
4433 - Motivator
4434 - Kalkulierer
4435 - Kalkulierer
4436 - Kalkulierer
4441 - Leistungsmensch
4442 - Leistungsmensch
4443 - Ermutiger
4444 - eng
4445 - Praktiker
4446 - Praktiker
4451 - Vermittler
4452 - Vermittler
4453 - Vermittler
4454 - Vermittler
4455 - Praktiker
4456 - Praktiker
4461 - Vermittler
4462 - Vermittler
4463 - Vermittler
4464 - Vermittler
4465 - Vermittler
4466 - Praktiker

45

4511 - Überzeuger
4512 - Überzeuger
4513 - Überzeuger
4514 - Kalkulierer
4515 - Kalkulierer
4516 - Kalkulierer
4521 - Überzeuger
4522 - Überzeuger
4523 - Überzeuger
4524 - Kalkulierer
4525 - Kalkulierer
4526 - Kalkulierer
4531 - Überzeuger
4532 - Überzeuger
4533 - Überzeuger
4534 - Kalkulierer
4535 - Kalkulierer
4536 - Kalkulierer
4541 - Ermutiger

4542 - Ermutiger
4543 - Ermutiger
4544 - Kalkulierer
4545 - Kalkulierer
4546 - Kalkulierer
4551 - Ermutiger
4552 - Ermutiger
4553 - Ermutiger
4554 - Ermutiger
4555 - Praktiker
4556 - Praktiker
4561 - Vermittler
4562 - Vermittler
4563 - Vermittler
4564 - Vermittler
4565 - Vermittler
4566 - Praktiker

46

4611 - Überzeuger
4612 - Überzeuger
4613 - Überzeuger
4614 - Überzeuger
4615 - Kalkulierer
4616 - Kalkulierer
4621 - Überzeuger
4622 - Überzeuger
4623 - Überzeuger
4624 - Überzeuger
4625 - Kalkulierer
4626 - Kalkulierer
4631 - Überzeuger
4632 - Überzeuger
4633 - Überzeuger
4634 - Kalkulierer
4635 - Kalkulierer
4636 - Kalkulierer
4641 - Ermutiger
4642 - Ermutiger
4643 - Ermutiger
4644 - Kalkulierer
4645 - Kalkulierer
4646 - Kalkulierer
4651 - Ermutiger
4652 - Ermutiger
4653 - Ermutiger
4654 - Ermutiger
4655 - Kalkulierer
4656 - Kalkulierer
4661 - Ermutiger
4662 - Ermutiger
4663 - Ermutiger
4664 - Ermutiger
4665 - Ermutiger
4666 - Praktiker

51

5111 - Entwickler
5112 - Entwickler
5113 - Entwickler
5114 - Eroberer
5115 - Eroberer
5116 - Eroberer
5121 - Entwickler
5122 - Entwickler
5123 - Entwickler
5124 - Eroberer
5125 - Eroberer
5126 - Eroberer
5131 - Entwickler
5132 - Entwickler
5133 - Entwickler
5134 - Eroberer
5135 - Eroberer
5136 - Eroberer
5141 - Leistungsmensch
5142 - Leistungsmensch
5143 - Leistungsmensch
5144 - Leistungsmensch
5145 - Eroberer
5146 - Eroberer
5151 - Leistungsmensch
5152 - Leistungsmensch
5153 - Leistungsmensch
5154 - Leistungsmensch
5155 - Leistungsmensch
5156 - Leistungsmensch
5161 - Leistungsmensch
5162 - Leistungsmensch
5163 - Leistungsmensch
5164 - Leistungsmensch
5165 - Leistungsmensch
5166 - Leistungsmensch

52

5211 - Entwickler
5212 - Entwickler
5213 - Entwickler
5214 - Eroberer
5215 - Eroberer
5216 - Eroberer
5221 - Entwickler
5222 - Entwickler
5223 - Entwickler
5224 - Eroberer
5225 - Eroberer
5226 - Eroberer
5231 - Entwickler
5232 - Entwickler
5233 - Entwickler
5234 - Eroberer
5235 - Eroberer
5236 - Eroberer
5241 - Leistungsmensch
5242 - Leistungsmensch
5243 - Leistungsmensch
5244 - Leistungsmensch
5245 - Leistungsmensch
5246 - Eroberer
5251 - Leistungsmensch
5252 - Leistungsmensch
5253 - Leistungsmensch
5254 - Leistungsmensch
5255 - Leistungsmensch
5256 - Leistungsmensch
5261 - Leistungsmensch
5262 - Leistungsmensch
5263 - Leistungsmensch
5264 - Leistungsmensch
5265 - Leistungsmensch
5266 - Leistungsmensch

53

5311 - Entwickler
5312 - Entwickler
5313 - Entwickler
5314 - Eroberer
5315 - Eroberer
5316 - Eroberer
5321 - Entwickler
5322 - Entwickler
5323 - Entwickler

5324 - Eroberer
5325 - Eroberer
5326 - Eroberer
5331 - Entwickler
5332 - Entwickler
5333 - Entwickler
5334 - Eroberer
5335 - Eroberer
5336 - Eroberer
5341 - Leistungsmensch
5342 - Leistungsmensch
5343 - Leistungsmensch
5344 - Eroberer
5345 - Eroberer
5346 - Eroberer
5351 - Leistungsmensch
5352 - Leistungsmensch
5353 - Leistungsmensch
5354 - Leistungsmensch
5355 - Leistungsmensch
5356 - Leistungsmensch
5361 - Leistungsmensch
5362 - Leistungsmensch
5363 - Leistungsmensch
5364 - Leistungsmensch
5365 - Leistungsmensch
5366 - Leistungsmensch

54

5411 - ergebnisorientiert
5412 - ergebnisorientiert
5413 - ergebnisorientiert
5414 - ergebnisorientiert
5415 - Eroberer
5416 - Eroberer
5421 - ergebnisorientiert
5422 - ergebnisorientiert
5423 - ergebnisorientiert
5424 - ergebnisorientiert
5425 - Eroberer
5426 - Eroberer
5431 - ergebnisorientiert
5432 - ergebnisorientiert
5433 - ergebnisorientiert
5434 - ergebnisorientiert
5435 - Eroberer
5436 - Eroberer
5441 - ergebnisorientiert
5442 - ergebnisorientiert
5443 - ergebnisorientiert
5444 - ergebnisorientiert
5445 - Eroberer
5446 - Eroberer
5451 - Leistungsmensch
5452 - Leistungsmensch
5453 - Leistungsmensch
5454 - Leistungsmensch
5455 - Forscher
5456 - Perfektionist
5461 - Leistungsmensch
5462 - Leistungsmensch
5463 - Leistungsmensch
5464 - Forscher
5465 - Forscher
5466 - Perfektionist

55

5511 - Motivator
5512 - Motivator
5513 - Motivator
5514 - Motivator
5515 - Kalkulierer
5516 - Kalkulierer
5521 - Motivator
5522 - Motivator
5523 - Motivator
5524 - Motivator
5525 - Kalkulierer
5526 - Kalkulierer
5531 - Motivator
5532 - Motivator
5533 - Motivator
5534 - Motivator
5535 - Motivator
5536 - Kalkulierer
5541 - Motivator
5542 - Motivator
5543 - Motivator
5544 - Motivator
5545 - Kalkulierer
5546 - Kalkulierer
5551 - Motivator
5552 - Motivator
5553 - Motivator
5554 - Motivator
5555 - eng
5556 - hoch
5561 - Vermittler
5562 - Vermittler
5563 - Vermittler
5564 - Vermittler
5565 - hoch
5566 - hoch

56

5611 - Überzeuger
5612 - Überzeuger
5613 - Überzeuger
5614 - Überzeuger
5615 - Kalkulierer
5616 - Kalkulierer
5621 - Überzeuger
5622 - Überzeuger
5623 - Überzeuger
5624 - Überzeuger
5625 - Kalkulierer
5626 - Kalkulierer
5631 - Überzeuger
5632 - Überzeuger
5633 - Überzeuger
5634 - Überzeuger
5635 - Kalkulierer
5636 - Kalkulierer
5641 - Überzeuger
5642 - Überzeuger
5643 - Überzeuger
5644 - Überzeuger
5645 - Kalkulierer
5646 - Kalkulierer
5651 - Ermutiger
5652 - Ermutiger
5653 - Ermutiger
5654 - Ermutiger
5655 - hoch
5656 - hoch
5661 - Ermutiger
5662 - Ermutiger
5663 - Ermutiger
5664 - Ermutiger
5665 - hoch
5666 - hoch

61

6111 - Entwickler
6112 - Entwickler
6113 - Entwickler
6114 - Eroberer
6115 - Eroberer
6116 - Eroberer
6121 - Entwickler
6122 - Entwickler
6123 - Entwickler
6124 - Eroberer
6125 - Eroberer
6126 - Eroberer
6131 - Entwickler
6132 - Entwickler
6133 - Entwickler
6134 - Eroberer
6135 - Eroberer
6136 - Eroberer
6141 - Leistungsmensch
6142 - Leistungsmensch
6143 - Leistungsmensch
6144 - Eroberer
6145 - Eroberer
6146 - Eroberer
6151 - Leistungsmensch
6152 - Leistungsmensch
6153 - Leistungsmensch
6154 - Leistungsmensch
6155 - Leistungsmensch
6156 - Eroberer
6161 - Leistungsmensch
6162 - Leistungsmensch
6163 - Leistungsmensch
6164 - Leistungsmensch
6165 - Leistungsmensch
6166 - Leistungsmensch

62

6211 - Entwickler
6212 - Entwickler
6213 - Entwickler
6214 - Eroberer
6215 - Eroberer
6216 - Eroberer
6221 - Entwickler
6222 - Entwickler
6223 - Entwickler
6224 - Eroberer
6225 - Eroberer
6226 - Eroberer
6231 - Entwickler
6232 - Entwickler
6233 - Entwickler
6234 - Eroberer
6235 - Eroberer
6236 - Eroberer
6241 - Leistungsmensch
6242 - Leistungsmensch
6243 - Leistungsmensch
6244 - Eroberer
6245 - Eroberer
6246 - Eroberer
6251 - Leistungsmensch
6252 - Leistungsmensch
6253 - Leistungsmensch
6254 - Leistungsmensch
6255 - Leistungsmensch
6256 - Leistungsmensch
6261 - Leistungsmensch
6262 - Leistungsmensch
6263 - Leistungsmensch
6264 - Leistungsmensch
6265 - Leistungsmensch
6266 - Leistungsmensch

63

6311 - Entwickler
6312 - Entwickler
6313 - Entwickler
6314 - Eroberer
6315 - Eroberer
6316 - Eroberer
6321 - Entwickler
6322 - Entwickler
6323 - Entwickler
6324 - Eroberer
6325 - Eroberer
6326 - Eroberer
6331 - Entwickler
6332 - Entwickler
6333 - Entwickler
6334 - Eroberer
6335 - Eroberer
6336 - Eroberer
6341 - Leistungsmensch
6342 - Leistungsmensch
6343 - Leistungsmensch
6344 - Leistungsmensch
6345 - Eroberer
6346 - Eroberer
6351 - Leistungsmensch
6352 - Leistungsmensch
6353 - Leistungsmensch
6354 - Leistungsmensch
6355 - Leistungsmensch
6356 - Eroberer
6361 - Leistungsmensch
6362 - Leistungsmensch
6363 - Leistungsmensch
6364 - Leistungsmensch
6365 - Leistungsmensch
6366 - Leistungsmensch

64

6411 - ergebnisorientiert
6412 - ergebnisorientiert
6413 - ergebnisorientiert
6414 - Eroberer
6415 - Eroberer
6416 - Eroberer
6421 - ergebnisorientiert
6422 - ergebnisorientiert
6423 - ergebnisorientiert
6424 - ergebnisorientiert
6425 - Eroberer
6426 - Eroberer
6431 - ergebnisorientiert
6432 - ergebnisorientiert
6433 - ergebnisorientiert
6434 - ergebnisorientiert
6435 - Eroberer
6436 - Eroberer
6441 - ergebnisorientiert
6442 - ergebnisorientiert
6443 - ergebnisorientiert
6444 - ergebnisorientiert
6445 - Eroberer
6446 - Eroberer
6451 - Leistungsmensch
6452 - Leistungsmensch
6453 - Leistungsmensch
6454 - Leistungsmensch
6455 - Eroberer

6456 - Eroberer
6461 - Leistungsmensch
6462 - Leistungsmensch
6463 - Leistungsmensch
6464 - Leistungsmensch
6465 - Leistungsmensch
6466 - Leistungsmensch

65

6511 - ergebnisorientiert
6512 - ergebnisorientiert
6513 - ergebnisorientiert
6514 - ergebnisorientiert
6515 - ergebnisorientiert
6516 - ergebnisorientiert
6521 - ergebnisorientiert
6522 - ergebnisorientiert
6523 - ergebnisorientiert
6524 - ergebnisorientiert
6525 - ergebnisorientiert
6526 - ergebnisorientiert
6531 - ergebnisorientiert
6532 - ergebnisorientiert
6533 - ergebnisorientiert
6534 - ergebnisorientiert
6535 - ergebnisorientiert
6536 - ergebnisorientiert
6541 - ergebnisorientiert
6542 - ergebnisorientiert
6543 - ergebnisorientiert
6544 - ergebnisorientiert
6545 - Eroberer
6546 - Eroberer
6551 - ergebnisorientiert
6552 - ergebnisorientiert
6553 - ergebnisorientiert
6554 - ergebnisorientiert
6555 - hoch
6556 - hoch
6561 - Leistungsmensch
6562 - Leistungsmensch
6563 - Leistungsmensch
6564 - Leistungsmensch
6565 - hoch
6566 - hoch

66

6611 - Motivator
6612 - Motivator
6613 - Motivator
6614 - Motivator
6615 - Motivator
6616 - Motivator
6621 - Motivator
6622 - Motivator
6623 - Motivator
6624 - Motivator
6625 - Motivator
6626 - Motivator
6631 - Motivator
6632 - Motivator
6633 - Motivator
6634 - Motivator
6635 - Motivator
6636 - Motivator
6641 - Motivator
6642 - Motivator
6643 - Motivator
6644 - Motivator
6645 - Motivator
6646 - Motivator
6651 - Motivator
6652 - Motivator
6653 - Motivator
6654 - Motivator
6655 - hoch
6656 - hoch
6661 - Motivator
6662 - Motivator
6663 - Motivator
6664 - Motivator
6665 - hoch
6666 - eng

Anlage C

Auswertungsbogen „Am ehesten zutreffend“

Quersumme, muß 24 ergeben. 24

Anlage C / „Am Ehesten“ Erwartungen anderer

Auswertungsbox I

N	Z	■	▲	★	
					Seite 19
					Seite 23
					Seite 27
					Seite 31
					Seite 35
					Seite 39
					Gesamt

Diagramm I

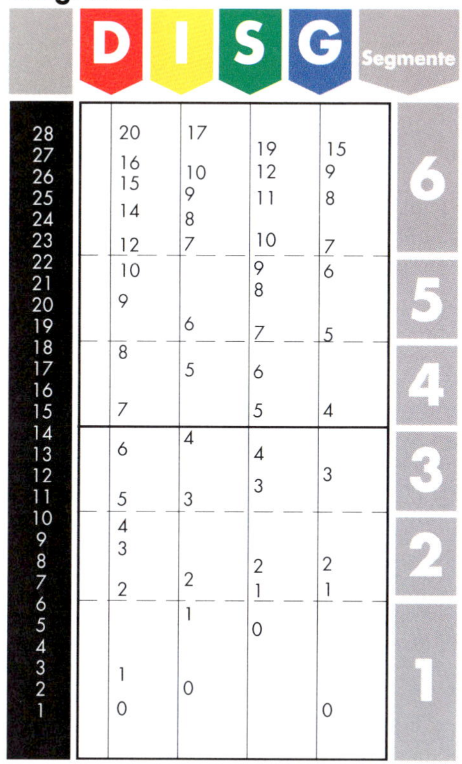

D	I	S	G	Segmente
				„DISG-Typ“

Anlage D

Auswertungsbogen „Am wenigsten zutreffend“

Anlage D / „Am Wenigsten“
Mein wirkliches Ich

Auswertungsbox II

N	Z	■	▲	★	
					Seite 19
					Seite 23
					Seite 27
					Seite 31
					Seite 35
					Seite 39
					Gesamt

Quersumme, muß 24 ergeben. 24

Diagramm II

28 27 26 25 24 23 22 21 20 19 18 17 16 15 14 13 12 11 10 9 8 7 6 5 4 3 2 1

D	I	S	G	Segmente
0, 1	0, 1	0, 1, 2, 3	0, 1, 2, 3	6
2	2	4	4	5
3, 4	3	5	5, 6	4
5, 6, 7, 8	4, 5	6, 7	7, 8	3
9, 10, 11, 12	6, 7	8, 9, 10	9, 10	2
13, 14, 15, 16, 21	8, 9, 10, 11, 19	11, 12, 13, 19	11, 12, 13, 16	1

Segmente

„DISG-Typ“

DISG Computerauswertung

Wer noch weitergehende Informationen über sich selbst erhalten möchte, dem empfehlen wir die Bestellung des Persönlichkeits-Profils mittels Computerauswertung. Sie erhalten nach Zusendung dieser Kopiervorlage (zusammen mit einem Verrechnungsscheck über DM 98,–) eine 14 - 17 Seiten umfassende individuelle Auswertung mit weiteren Hilfen und Aussagen zu Ihrer Person.

Tragen Sie hier die Informationen aus der Zeile Gesamt von Anlage C ein

N	D	I	S	G	
					Gesamt

Tragen Sie hier die Informationen aus der Zeile Gesamt von Anlage D ein

N	D	I	S	G	
					Gesamt

Bereich

Name / Vorname männlich ☐ weiblich ☐

Straße / Postfach

PLZ / Wohnort

Datum / Unterschrift

C001

DISG-Training
Postfach 1170, D-89526 Giengen
Riedstraße 19, D-89537 Giengen
Tel. (0 73 22) 95 02 48
Fax (0 73 22) 95 02 15

Thomas Lardon (Hrsg.)

Die Bibel für ...

... Optimisten und andere Glückspilze
Best.-Nr. 224.325

... Skeptiker und andere kluge Köpfe
Best.-Nr. 224.326

Ein mal ernster, mal schmunzelnder, immer aber ernstzunehmender (Wieder-)Einstieg in das Buch der Bücher. Zwei ideale, nicht zu »fromme« Mitbringsel für viele Gelegenheiten.
je 64 S., mit Cartoons,
Format 19,5 x 16,5 cm, geb.,
je DM 17,80/SFr 18,80/öS 139,–

Bücher mit dem roten F

Thomas Lardon (Hrsg.)

Herzklopfen – Texte für Liebende

Best.-Nr. 224.221

Jahresringe – Freude im Alter

Best.-Nr. 224.222

Sturmbewährt – Hoffnung im Leid

Best.-Nr. 224.223

Spurgerade – Texte zum Geburtstag

Best.-Nr. 224.224

Es gibt Lebenssituationen, die aus dem Rahmen fallen, uns zum Verweilen einladen, zum Nachdenken bringen oder auch zur Umkehr auffordern.
Diese vier Geschenkbücher kombinieren Bibeltexte zum Thema mit ungewöhnlichen Farbfotos – eine besonders gelungene Text/Bild-Harmonie.
je 32 S., Format 12 x 12 cm,
durchgehend vierfarbig, geb.,
je DM 7,80/SFr 8,80/öS 61,–,
Best.-Nr. 224.220

Thomas Lardon (Hrsg.)

Der Segen des Herrn macht reich ohne Mühe

Tierische Einsichten in das Buch der Bücher

Es gibt Dinge, die sagt man am besten offen und direkt. Dann gibt es Dinge, die sagt man besser durch die Blume. Und wieder andere werden am deutlichsten, wenn man sie Tieren »in den Mund« legt.
Eine humorvolle, aber durchaus ernstzunehmende Sammlung von Tierbildern und Bibelzitaten – unvergleichlich in ihrer Art.
48 S., Format 20,5 x 22 cm,
mit 39 Farbfotos, geb.,
DM 16,80/SFr 17,80/öS 131,–,
Best.-Nr. 224.316

Edwin Steinhardt

In dir ist Freude

Ein Text-Bild-Geschenkband über Liederdichter, denen wir viele christliche Lieder verdanken. Ergänzend zu den Werkausschnitten gehört zu jeder der vorgestellten Persönlichkeit eine kurze Vita, die dem Leser den jeweiligen Zeithintergrund vermittelt.
48 S., Format 20,5 x 22 cm, mit zahlreichen vierfarbigen Ill., geb.,
DM 14,80/SFr 15,80/öS 116,–,
Best.-Nr. 224.315

Michael Dieterich/Alfred I. Gerster

Einen Moment, bitte!

Denkanstöße für Zeitgenossen

Ein Geschenkbuch, besonders für Menschen, die im Beruf voll in Anspruch genommen sind, die kaum Zeit haben, die ihre Lebensziele definiert haben und auf dem Weg dorthin zu größtem Einsatz bereit sind.

88 S., mit 13 Zeichnungen, Format 11,3 x 18,2 cm, geb, DM 16,80/SFr 17,80/öS 131,–, Best.-Nr. 224.630

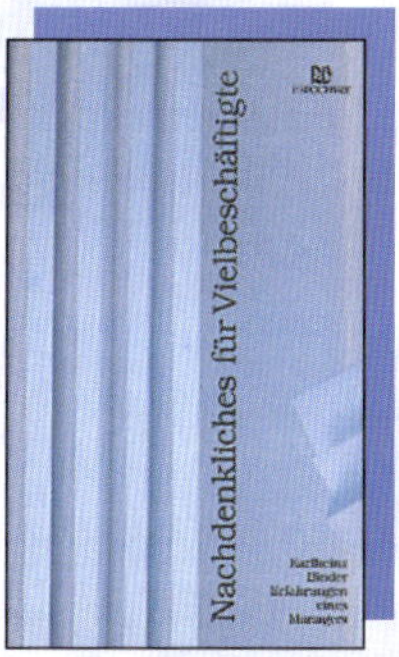

Karlheinz Binder

Nachdenkliches für Vielbeschäftigte

Erfahrungen eines Managers

In kurzen, persönlich gehaltenen Kapiteln schildert der Autor Situationen in Chefetagen, zu Hause und unterwegs, wo ihm schlagartig aufging, was das Evangelium für ihn und für andere Menschen unserer Zeit bedeutet.

96 S., 2. Aufl., Format 11,3 x 18,2 cm, geb., DM 12,80/SFr 13,80/öS 100,–, Best.-Nr. 224.624

Roland Bischofberger

Überleben in der Wirtschaftswelt

Erfahrungen eines Personalberaters

Wenn jeder die Erfahrungen anderer abrufen könnte, wenn wir mehr von den Erfahrungen anderer profitieren würden, vieles könnte besser gehen ...
Auf dieser Grundlage und mit vielen Praxisbeispielen ist das Buch des Personalberaters Roland Bischofberger entstanden, das eine Hilfe zum »Überleben« in der heute so komplexen Wirtschaftswelt sein will.

ca. 112 S., Format 11,3 x 18,2 cm, geb., DM 17,80/ SFr 18,80/öS 139,–, Best.-Nr. 224.645

Udo Hahn (Hrsg.)

Signale der Zuversicht

Was im Leben zählt

Prominente und weniger bekannte Christen geben Auskunft darüber, welche Hoffnung sie in ihrem Leben trägt: Helmut Claß, Peter Hahne, Johannes Hanselmann, Erika Kimmich, Johannes Kuhn, Werner Leich, Horst Marquardt, Elisabeth Motschmann, Diether Posser u.a. Ein schön gestaltetes Geschenk.

104 S., mit 31 s/w-Fotos, Format 11,3 x 18,2 cm, geb., mit Schutzumschlag, DM 18,80/SFr 19,80/öS 147,–, Best.-Nr. 224.636

Thomas Lardon (Hrsg.)

Ich schenk Dir einen Vers

Geist-reiche Sprüche für (fast) jede Gelegenheit

Anregungen und Textbeispiele für viele Gelegenheiten: Geburtstagsgrüße, Glückwünsche zur Verlobung, Hochzeit, Silberner und Goldener Hochzeit, Texte fürs Gästebuch, Dank für eine Einladung, Begleittexte zu einem Geschenk etc.

176 S., 3. Aufl., geb., DM 17,80/SFr 18,80/öS 139,–, Best.-Nr. 224.617

Thomas Lardon (Hrsg.)

Ich schenk Dir ein Lied

Liedtexte aus alter und neuer Zeit, Anregungen für »persönliche« Grüße zu vielen Gelegenheiten.

144 S., Format 11,3 x 18,2 cm, geb., DM 16,80/SFr 17,80/öS 131,–, Best.-Nr. 224.637

Handbuch Die Geschichte des Christentums

Revidierte Fassung

2000 Jahre Kirchengeschichte von den Anfängen bis zur Gegenwart. Für den Laien wie den Fachmann bietet das Buch neben einem schnellen Überblick über die Entwicklung des Christentums tiefgehende Informationen über Menschen, Werke und Glaubensrichtungen.

688 S., mit über 400 Bildern, Karten und Grafiken, Format 15,8 x 22,2 cm, geb., DM 88,–/SFr 90,–/öS 687,–, Best.-Nr. 224.568

Wulf Metz (Hrsg.)

Handbuch Weltreligionen

Das Handbuch Weltreligionen informiert sachlich, fachkundig und allgemeinverständlich über die Geschichte, die heiligen Schriften, die Formen der Gottesverehrung, das Weltbild und den Kult der verschiedenen Religionen.

448 S., mit ca. 240 Farb- u. s/w-Fotos, Karten und Grafiken, Format 15,8 x 22,2 cm, geb., DM 22,80/SFr 22,80/öS 178,–, Best.-Nr. 224.599

DM 29,80

Michael Dieterich

Handbuch Psychologie und Seelsorge

Das vorliegende Handbuch ist die erste systematische Einführung in die »biblisch-therapeutische Seelsorge«. Erkenntnisse der modernen Psychologie und Therapie werden auf neuestem fachwissenschaftlichen Stand mit der Verpflichtung zu einem bibeltreuen Weltbild dargestellt; die zahlreichen Quellen und Materialien machen es zu einem praxisnahen, für die Diagnostik unverzichtbaren Handbuch.

384 S., 2. Aufl., Format 15 x 22 cm, geb., DM 49,80/SFr 51,30/öS 389,–, Best.-Nr. 224.607

David und Pat Alexander (Hrsg.)

Handbuch zur Bibel

Dieses Handbuch zur Bibel ist eine vielseitige Einführung in die Bibel. Ein kompetentes, allgemeinverständliches Nachschlagewerk, das die religiösen, historischen und wirtschaftlichen Hintergründe des alten Palästinas aufzeigt.

680 S., mit 400 Farbfotos, 68 Karten, 20 Graphiken, 8 Registern, geb., DM 49,80/SFr 51,30/öS 389,–, Best.-Nr. 224.626

Fritz Rienecker (Hrsg.)

Lexikon zur Bibel

Sonderausgabe

Diese Sonderausgabe des bewährten Lexikons enthält über 6000 Stichwörter aus Geschichte, Kulturgeschichte und Archäologie, Religionswissenschaft, Geographie, Biologie und Wirtschaft, Personen-, Tier-, Orts- und Pflanzennamen und alle wichtigen theologischen Begriffe. Es führt zuverlässig und allgemeinverständlich in die Welt der Bibel ein. Dabei liegt sein Wert nicht nur im Text sondern ebenso in der großen Fülle beigegebener Bildtafeln, Karten, Skizzen usw.

968 S., 3. Auflage (21. Gesamtaufl.), über 150 s/w Fotos u. über 350 Illustr., Format 16 x 23 cm, geb., DM 29,80/SFr 31,30/öS 233,–, Best.-Nr. 224.585

Bis 31.12.1993
DM 58,–/SFr 58,–/öS 453,–

Theologisches Begriffslexikon zum Neuen Testament

Sonderausgabe

In über 600 Artikeln erklärt das Theologische Begriffslexikon zum Neuen Testament alle wichtigen biblischen Begriffe. Nach Wortfeldern zusammengefaßt werden sie von ihrem griechischen Ursprung her erklärt. Dabei ist die Sprache für den Laien ohne weiteres verständlich. Eine wertvolle Studienhilfe!

1592 S., Format 14,2 x 22 cm, geb.,
Einführungspreis bis 31.12.1993: nur DM 58,–/SFr 58,–/öS 453,–,
danach DM 68,–/SFr 68,–/ öS 531,–, Best.-Nr. 224.800

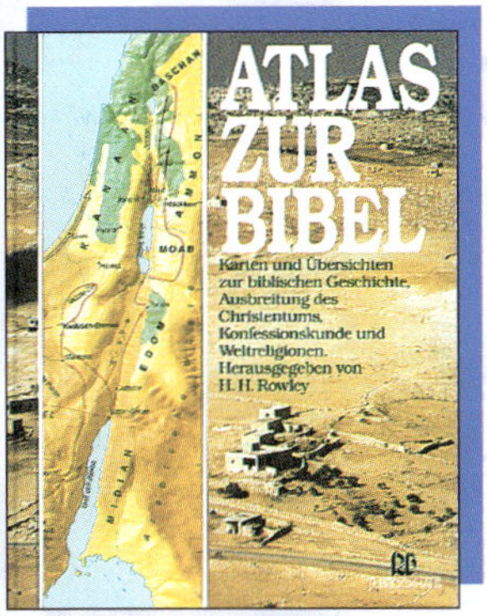

H. H. Rowley

Atlas zur Bibel

48 S., 11. überarb. Aufl., geb., DM 16,80/SFr 17,80/öS 131,–, Best.-Nr. 224.539

Friedrich Hauss – neu herausgegeben von Silvio Spahr

Väter der Christenheit

Illustrierte Geschenkausgabe

In neuer Ausstattung, aber bewährter Konzeption: Ein Standardwerk, das in einzigartiger Weise Kirchengeschichte in Form von Lebensbildern vermittelt, allgemein bekannte, aber auch fast vergessenen Gestalten aus zwanzig Jahrhunderten zum Leben erweckt und ihnen Gehör verschafft.

592 S., mit zahlreichen farb. u. s/w Abb., Format 16 x 23 cm, geb, DM 78,–/SFr 80,–/öS 609,–, Best.-Nr. 224.625

H. Burkhardt, F. Laubach, G. Maier (Hrsg.)

Der Neue Bibelatlas

Der Neue Bibelatlas ist mit seinen etwa 130 Karten, Skizzen, Diagrammen, Fotos sowie Zeittafeln in übersichtlicher Anordnung eine ergiebige Informationsquelle für jeden Bibelleser.

128 S., ca. 130 Abb., Format 21,5 x 27,5 cm, geb., DM 39,80/SFr 41,30/öS 311,–, Best.-Nr. 224.634

Helmut Burkhardt/Fritz Grünzweig/Fritz Laubach/Gerhard Maier (Hrsg.)

Das Große Bibellexikon

in drei Bänden

Das Große Bibellexikon bietet in 2.500 Artikeln fundierte Information mit hervorragendem Anschauungsmaterial – unentbehrlich als Nachschlagewerk bei theologischen, historischen und archäologischen Fragen, die sich beim Studium der Bibel ergeben.

1.800 S., 2. Aufl., ca. 2.500 Artikel, mit ca. 470 Karten u. Diagrammen und mehr als 1000 Fotos, ca. 540 davon vierfarbig, 3 Bände im Format 22 x 28,5 cm, geb., mit Schutzumschlag, DM 348,–/SFr 348,–/öS 2715,– Best.-Nr. 224.610

Das Zeitplanbuch

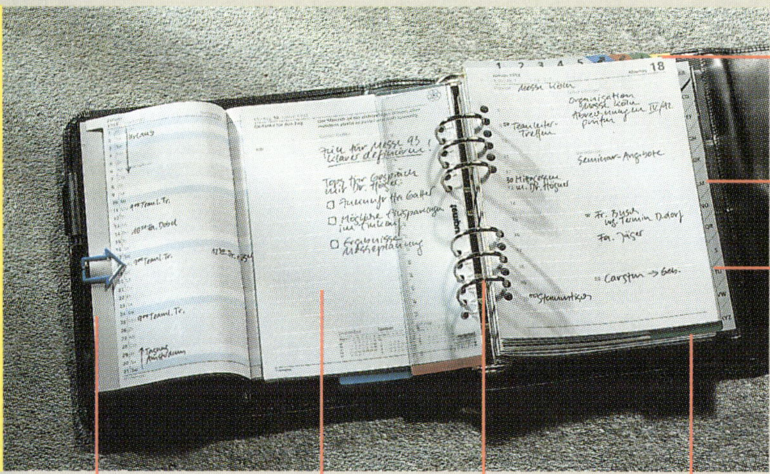

Farbige Register helfen Ihnen, alle Informationen und Daten schnell zu finden und aufzuschlagen.

Adreßverzeichnis Mit A-Z Register für Adressen, Telefon- und Faxnummern.

Notizpapier ist immer griffbereit.

Klarsichthüllen für Visitenkarten, Briefmarken, Euroschecks, ...

10-Jahreskalender zum herausnehmen, (paßt in Ihre Westentasche). Mit einem Griff haben Sie Überblick über Ihre Termine.

Übersichtliche Tagespläne beim **tempus. 365** mit Motivation für den Tag in 2 Versionen:
1. Gedanken für den Tag (siehe Abbildung)
2. Losungen der Herrnhuter Brüdergemeine / Katholische Tageslesungen

oder Wochenpläne beim **tempus. 52**

Hochwertige **Ringmechanik**

Die **tempus.** Kalendarien und Formulare sind so gelocht, daß sie auch mit anderen Zeitplansystemen kompatibel sind.

To do-Liste Alle wichtigen terminungebundenen Aufgaben bleiben im Überblick.

„Was mir am **tempus.** *gefällt? Für mich ist er wie ein Minibüro: Das Hängeregister und der Aktenschrank im Kleinformat – Naja, fast. Alles, was ich plane, größere oder kleinere Projekte, skizziere ich meistens in diesem Zeitplaner. Hoffentlich lasse ich ihn nicht so oft liegen!"*

Johannes Nitsch,
Komponist, Sänger, Musiker

Bestellen Sie bei Ihrem Buchhändler

Das Urteil von Experten

Diese neuen Instrumente, z.B. das DISG-Persönlichkeits-Profil, sind preiswert, und zwar sowohl für den Nutzer als auch für den Trainer. Ferner setzt eine Analyse keinen Seminar-Besuch voraus, der nicht für alle erschwinglich ist. Und schließlich sind diese neuen Instrumente nachgewiesenermaßen wissenschaftlich fundiert - ein gerade für den Einsatz an Hochschulen sehr wichtiges Argument.
Prof. Dr. Hardy Wagner, Speyer

Wer viel mit Menschen zu tun hat, sollte seine eigenen Stärken und Schwächen kennen. Kirchliche MitarbeiterInnen haben gerade in diesem Bereich einen großen Nachholbedarf. Das DISG-Persönlichkeits-Profil als Möglichkeit zur Selbsterkenntnis und als Hilfe bei der Teambildung: hervorragend.
Dr. Christian Wulf
Exerzitienleiter, Therapeut

Die Auswertung des DISG-Persönlichkeits-Profils ist für unsere Teilnehmer geradezu augenöffnend …
Roland Kurth
Koinonia Management Training, Zürich

Als Dipl. soz. Pädagogin schätze ich vor allem die schnelle und übersichtliche Art, mein Selbstbild zu erfahren und zu überprüfen. Ich selbst wende es in Paarberatungen an, um eine Differenzierung zwischen den Partnern zu erreichen. Durch seine Aha-Effekte vermindert es eventuell vorhandene negative Einstellungen zu „unverständlichen“ Verhalten der Partner. Dabei ist DISG eine überaus witzige Methode.
Edith Heyer-Rauterberg, Heidenheim

Als ich das DISG-Persönlichkeits-Profil vor 4 Jahren kennenlernte, war ich vom Ergebnis so beeindruckt, daß ich es seit dieser Zeit begeistert in meinen Seminaren und Beratungen einsetze.
Paul Donders

Ich kenne DISG aus meiner Studienzeit in den USA und war bereits damals begeistert. Das DISG-Instrument ist Teil unseres Top-Management-Seminars. Die praktische Art des Profils und seine leichte Umsetzbarkeit sind für die Teilnehmer immer wieder überzeugend.
Karl Pilsl, Wels
Strategie 2000